담대한 믿음의 수호자
50인의 감동 실화

세상을 바꾼 믿음의 남성들

셜리 래이 레드먼드 글
카티아 롱기 그림 박지연 옮김

몽당연필

BRAVE HEROES AND BOLD DEFENDERS
Text © 2020 Shirley Raye Redmond
Artwork © 2020 Harvest House Publishers
Eugene, Oregon 97408, USA
www.harvesthousepublishers.com

This Korean edition is published by arrangement of Harvest House Publishers through rMaeng2, Seoul, Republic of Korea.
This Korean translation edition ⓒ 2024 by Short Pencil Books, Paju, Republic of Korea

이 한국어판의 저작권은 알맹2를 통하여 Harvest House Publishers 사와 독점 계약한 몽당연필에 있습니다. 신저작권법에 의하여 한국 내에서 보호받는 저작물이므로 무단전재와 무단복제를 금합니다.

| 차례 |

머리말 7	C. S. 루이스 30
에릭 리들 8	디켐베 무톰보 32
스기하라 지우네 10	제러미 캠프 34
조지 워싱턴 카버 12	애도니럼 저드슨 36
데이비드 리빙스턴 14	C. 에버렛 쿠프 38
니키 크루즈 16	프랜시스 쉐퍼 40
팀 티보 18	존 캐드버리 42
네이트 세인트 20	빌리 그레이엄 44
제시 부시헤드 22	제러미 린 46
윌리엄 틴들 24	존 녹스 48
리처드 앨런 26	돈 맥클라넨 50
다미앵 신부 28	디트리히 본회퍼 52

프레더릭 더글러스 54	존 뉴턴 82
허드슨 테일러 56	후안 페르난도 오르테가 84
에드워드 제너 58	윌리엄 윌버포스 86
나빌 쿠레쉬 60	리처드 럼브란트 88
아이작 뉴턴 62	조지 뮐러 90
짐 어윈 64	토니 던지 92
존 하퍼 66	G. K. 체스터턴 94
찰스 "척" 콜슨 68	토드 비머 96
짐 엘리엇 70	제임스 A. 가필드 98
마르틴 루터 72	존 M. 퍼킨스 100
앙드레 트로크메 74	아시시의 성 프란체스코 102
헨리 오부키아 76	장 볼리 104
윌리엄 부스 78	조지 워싱턴 106
앨빈 요크 80	주 109

머리말

영국 작가 C. S. 루이스는 《인간 폐지》에서 기독교의 진리를 인정하지 않는 현대 사회에서는 덕과 명예, 진실함과 용기를 갖춘 사람이 나오지 않는다며 안타까워했어요. 루이스는 신앙이 없는 남성을 '가슴 없는 사람'이라고 불렀지요.

다행히 이 책에 등장하는 믿음의 남성들은 그런 사람이 아니었습니다. 그들은 용감하고 영리하게, 때로는 관습을 거스르면서까지 세상을 더 나은 곳으로 바꾸며 예수님의 모범을 따라 살았습니다. 두려움과 불안도 그리스도를 섬기려는 그들의 헌신을 막지 못했지요. 그들은 어두운 세상에 그리스도의 진리와 빛을 전하려고 애쓰다가, 때로는 자신과 가족들이 큰 위험에 처하기도 했어요.

발명가와 의사에서부터 선교사와 운동선수에 이르기까지 이 용감한 남성들은 자신의 삶을 바쳐 주님을 섬겼습니다. 그중 어떤 사람은 예수님처럼 모욕과 조롱을 당했어요. 생명이 위태로운 상황에 용감하게 맞선 사람도 있었고, 복음을 위해 가장 귀한 생명을 내놓은 사람도 있었어요. 이들은 모두 신앙 영웅이랍니다.

이들의 이야기에서 영감과 도전을 받아 여러분도 용기와 새로운 마음가짐으로 믿음의 삶을 살고, '생명의 말씀을 굳게 잡고 하늘의 별과 같이 빛나길'(빌 2:15-16) 바랍니다. 이런 사람이 진짜 용감한 사람이랍니다.

에릭 리들
올림픽 금메달리스트

| 1902-1945 |

조용하고 수줍음이 많던 에릭 리들은 수학과 화학, 체육을 좋아했어요. 에릭은 열여섯 살에 육상 경기 세 종목에서 1위를 차지해 스코틀랜드 기숙학교에 있는 모두를 깜짝 놀라게 했어요.

리들은 부모님이 선교사로 활동하던 중국에서 태어났습니다. 주님을 사랑하는 신앙심 깊은 아이로 자랐어요. 그는 에든버러 대학교에 입학한 후 육상팀에 들어갔는데, 워낙 빠르게 달려 '날아다니는 스코틀랜드인'이란 별명을 얻었어요. 리들은 유명해지면서 여러 사람 앞에서 강연할 기회가 늘어났어요. 그때마다 그리스도에 대한 자신의 신앙을 이야기했지요.

리들은 스물두 살이던 1924년 파리에서 열린 올림픽에서 100미터 육상 경기에 영국 국가대표로 출전할 기회를 얻었어요. 하지만 예선전이 일요일 즉, 주일에 열린다는 것을 알고 출전을 포기했어요. 리들의 결정에 영국 올림픽위원회는 화가 많이 났어요. 리들이 주종목인 100미터 대신 400미터 경주에 출전하겠다고 했을 때, 그 누구도 그가 잘 해낼 것이라고 생각하지 않았지요.

그런데 리들은 400미터에서 금메달을 따고 세계 신기록까지 세웠어요. 그의 팬들은 열광했고, 그의 놀라운 승리는 〈불의 전차〉라는 제목의 영화로 만들어져 아카데미상을 받기도 했습니다. 이후 리들은 선교사가 되어 중국으로 갔고, 그곳에서 플로렌스를 만나 결혼하여 가정을 꾸리고 세 딸을 두었어요.

1937년, 일본이 중국에 전쟁을 선포했어요. 리들은 가족을 캐나다로 이주시킨 뒤 혼자 중국으로 돌아갔어요. 그곳에서 일본군에 붙잡혀 포로가 되었지만, 그 안에서도 동료 포로들에게 기쁘게 복음을 전했어요. 포로 교환 대상자로 선택되어 풀려날 수 있었는데 그 기회를 임산부에게 양보했지요. 오랜 전쟁에서 연합국이 승리하여 포로들이 석방되었는데, 안타깝게도 리들은 5개월 전에 뇌종양으로 세상을 떠났어요. 온 세계가 리들의 죽음을 애도했답니다.

스기하라 지우네
유대인을 구한 영웅

| 1900-1986 |

스기하라 지우네는 일본에서 태어났어요. 의사였던 아버지는 스기하라도 의사가 되길 원했어요. 하지만 그에게는 다른 꿈이 있었죠. 그는 열아홉 살에 일본 외무성의 장학금을 받아 중국에서 유학하며 러시아어와 독일어를 배웠어요. 이때 러시아 정교회에서 세례를 받았지요.

1939년 스기하라는 일본 대사관의 부대사관으로 발령을 받아, 아내 유키코와 함께 리투아니아의 수도로 갔어요. 부부가 새로운 곳에 적응하던 시기에 나치군이 폴란드를 침략했어요. 이 일로 위험에 처한 유대인 난민들이 폴란드에서 리투아니아로 몰려들었지요.

아돌프 히틀러가 지시해 조직적으로 유대인을 학살한 홀로코스트에 대한 소문이 순식간에 퍼졌어요. 스기하라는 일본 외무성이 반대하는데도 유대인 난민 수천 명에게 일본으로 피신할 수 있는 출국 비자를 내주었어요. 스기하라는 아내에게 말했어요. "정부의 명령을 어겨야 할 것 같소. 그러지 않으면 하나님의 명령을 어기게 될 테니 말이오."[1]

겁에 질린 유대인 난민들은 리투아니아에 있는 일본 대사관의 담을 넘으면서까지 인정 많은 스기하라에게서 출국 비자를 받으려고 했어요. 스기하라는 해고당할 수도 있지만, 유대인들의 탈출을 조금이라도 더 도우려고 비자를 허락하는 문서에 계속 서명했지요. 갑자기 일본으로 귀국하라는 명령을 받았을 때는 난민들을 위해 서명한 출국 비자를 기차 창밖으로 던져 주었어요.

공무원 직에서 강제로 물러난 후, 스기하라는 전구 방문 판매원 등 하찮은 일도 마다하지 않고 일하며 가족의 생계를 책임졌어요. 전쟁이 끝난 후 이스라엘 정부는 스기하라 지우네와 그의 아내에게 감사의 뜻을 담아, 유대인이 아니면서도 홀로코스트에서 유대인을 구한 사람들에게 주는 '열방의 의인'이란 칭호를 수여했답니다.

조지 워싱턴 카버
농업 발전의 선구자

| 1864–1943 |

조지 워싱턴 카버는 어렸을 때 어머니와 함께 노예 상인에게 납치되었어요. 독일 이민자인 모지스와 수잔 카버 부부의 도움으로 구출되었지만, 그는 그 후로 다시는 어머니를 만나지 못했지요. 카버 부인은 조지에게 성경을 읽도록 가르쳤고, 조지는 매일 성경을 읽었어요.

카버는 식물학, 화학, 미술을 좋아했어요. 그는 캔자스 대학에 지원하여 입학 허가를 받았지만, 학과장은 카버가 아프리카계 미국인이라는 이유로 입학을 취소했어요. 카버는 서른 살에 아이오와 주립대학의 원예학과에 지원했어요. 이번에는 입학은 허락되었지만, 학생 식당 출입을 금지당해 조리실에서만 밥을 먹을 수 있었어요.

1896년에 석사 학위를 마치고 졸업한 카버는 부커 T. 워싱턴의 요청으로 앨라배마주에 있는 터스키기 대학에서 학생들을 가르쳤어요. 실험실에 필요한 재정이 지원되지 않아, 카버는 폐품 처리장에서 깨진 병을 찾아 비커로 쓰고, 잉크병과 끈으로 불 조절이 되는 버너를 만들어 화학 실험에 쓰기도 했지요.

카버는 땅콩과 고구마를 연구하여 두 작물을 이용한 상품을 100여 개나 발명했습니다. 또 같은 땅에 다른 농작물을 돌아가며 재배하는 순환 농법 등 농업을 주제로 칼럼을 신문에 기고하여 전국에 이름을 알렸어요. 제2차 세계 대전 중에는 우윳빛 수액이 나오는 식물인 밀크위드로 합성고무를 만들어, 발명가 헨리 포드의 관심을 받았지요.

카버는 전 재산을 터스키기 대학 연구소에 기부했어요. 하나님이 도와주셔서 성공했다고 믿었기 때문이에요. 카버는 친구에게 보낸 편지에 이렇게 썼어요. "오, 사람들이 무기력함에서 깨어나 그리스도를 위해 몸과 영혼을 드릴 수 있기를!"[2]

카버는 1990년 미국 발명가 명예의 전당에 이름을 올렸답니다.

George Washington Carver

데이비드 리빙스턴

하나님의 탐험가

| 1813-1872 |

데이비드 리빙스턴은 영국 스코틀랜드에서 태어났어요. 그는 실을 만드는 방적 공장에서 일하면서 책을 기계에 기대 세워 두고 읽곤 했지요. 신학과 의학을 공부하고 선교사가 되어 중국에 가고 싶었지만, 당시의 국제 정세 때문에 중국으로는 갈 수 없었어요. 그래서 1840년에 아프리카로 갔고, 그곳에서 아프리카 선교사였던 로버트 모펏의 딸 메리를 만나 결혼했어요.

리빙스턴은 선교를 하면서 아프리카인을 노예로 파는 노예 무역의 끔찍한 상황을 글로 써서 알렸어요. 아프리카의 여러 강과 정글 탐험도 했고요. 사자에게 공격 당해 오른팔이 으스러지기도 했어요. 하지만 "예수를 믿는다고 하면서 대장이신 예수님을 위한 모험을 거부할 사람이 어디 있겠는가?"[3]라고 말하며 아프리카에서 겪는 위험을 당연한 것으로 받아들였어요.

리빙스턴은 1856년에 가족과 함께 영국으로 돌아왔어요. 그는 국민적 영웅이 되었고, 그가 쓴 책은 베스트셀러가 되었지요. 하지만 런던선교회는 리빙스턴이 탐험을 하느라 선교사로서 임무를 제대로 하지 못했다고 비판했고, 그로 인해 리빙스턴은 선교회를 떠났어요. 그는 다시 아프리카로 돌아가 잠베지강의 지도를 만들었어요. 거기서 발견한 폭포는 영국 여왕의 이름을 따서 빅토리아 폭포라고 이름 붙였지요. 탐험 중에도 리빙스턴은 구식 프로젝터를 가지고 다니며 원주민들에게 성경 이야기 속 장면을 보여 주었어요.

2년이 지나도록 리빙스턴에게서 아무런 소식이 없자, 뉴욕 헤럴드 신문사는 헨리 스탠리 기자를 아프리카로 보냈어요. 스탠리는 1869년에 리빙스턴을 찾아 냈지요. 리빙스턴은 스탠리에게 복음을 전했지만, 함께 아프리카를 떠나자는 요청은 거절했어요. 그 후 어느 날, 하인은 리빙스턴이 침대 곁에 무릎을 꿇은 채 죽어 있는 것을 발견했어요. 아프리카 원주민들은 그의 심장을 한 나무 아래 묻고, 시신은 배에 실어 영국으로 보냈어요. 하나님은 리빙스턴의 삶을 사용하여 사람들이 아프리카에 관심을 갖게 하시고, 여러 세대에 걸쳐 많은 선교사가 아프리카에서 봉사하도록 이끄셨답니다.

니키 크루즈

하나님을 만난 폭력배

| 1938-현재 |

형제가 열여덟 명이나 되는 니키 크루즈는 푸에르토리코의 빈민가에서 태어났어요. 부모님은 주술에 빠져 있었고, 크루즈를 잔인하게 때리고 학대했지요. 그가 아홉 살에 자살을 시도할 정도였어요. 크루즈가 열다섯 살이 되었을 때 아버지는 아들을 뉴욕시로 보내 친척과 함께 살게 했어요. 거기서 크루즈는 마우마우라는 이름의 잔인한 갱단에 들어갔고, 얼마 후 그 갱단의 두목이 되었어요. 크루즈의 인생에는 폭력과 마약뿐이었어요. 그는 악몽에 시달렸는데, 가장 친한 친구가 칼에 찔려 자기 품에서 죽은 후로는 더 심해졌어요.

데이비드 윌커슨 목사는 크루즈에게 그리스도의 사랑을 전하기 위해 애썼어요. 크루즈는 화를 내며 윌커슨 목사를 때리기도 했지요. 하지만 윌커슨 목사는 끝까지 포기하지 않고 끈질긴 사랑으로 크루즈를 설득했어요. 몇 개월 후, 한 권투경기장에서 열린 복음 전도 집회에서 크루즈는 자신의 삶을 예수님께 드렸어요. 갱단의 다른 조직원들도 예수님을 믿게 되었고요. 이들이 권총과 칼을 돌려주러 경찰서에 갔을 때 경찰관들은 깜짝 놀랐답니다.

크루즈는 목사가 되기 위해 신학대학교에 입학해서 공부했어요. 졸업 후에는 전에 살던 뉴욕으로 돌아와 성경 말씀을 전했지요. 결혼도 하여 네 아이의 아빠가 되었어요. 크루즈가 신앙을 갖게 된 이야기는 윌커슨 목사의 책 《십자가와 칼》에 잘 나와 있고, 나중에는 배우 에릭 에스트라다와 팻 분이 주연으로 출연해 영화로도 만들어졌어요.

크루즈의 자서전 《달려라 니키》는 수백만 부가 팔렸고, 유럽의 여러 학교에서 필독서가 되었어요. 크루즈는 복음 전도 단체인 '니키 크루즈 아웃리치'를 통해 전 세계를 다니며 복음을 전하고 있지요.

NICKY+CRUZ

팀 티보
신실한 미식축구 선수

| 1987-현재 |

팀 티보가 한쪽 무릎을 꿇고 이마를 손에 대고 기도하자, 그때부터 그렇게 기도하는 자세가 유행하기 시작했어요. 팬들이 그를 흉내 냈거든요. 기도하는 그를 비웃는 사람들도 있었어요. 하지만 그 자세는 매우 유명해져서 팀 티보의 이름을 따서 '티보잉'(Tebowing)이라고 부른답니다.

미국인 선교사 부부의 다섯 자녀 중 막내인 티보는 필리핀에서 태어났어요. 티보는 홈스쿨링*을 했어요. 그의 삶에서는 언제나 신앙이 중요했지요. 티보는 2006년 미식축구 장학생으로 플로리다 게이터스 대학교 선수가 되었고, 아이 블랙**에 성경 구절을 써 넣어 유명해졌어요. 티보는 2007년 대학 미식축구 최고상인 하이즈먼 트로피를 수상했고, 소속 팀이 대학 미식축구 결승전에서 두 번이나 우승하는 데 큰 역할을 했어요.

미국 프로미식축구협회(NFL) 브롱코스 팀에 선발되었을 때, 티보의 키는 182센티미터, 몸무게는 108킬로그램였어요. 역대 쿼터백 중에 가장 체격이 좋았지요. 2012년에는 뉴욕 제츠로 팀을 옮겼어요. 일부 언론이 티보를 부정적으로 평가하기도 했지만 그의 믿음은 흔들리지 않았죠. 지금은 미국 프로 야구 선수이자 방송인으로 활동하고 있어요.

티보는 2010년 병원 안에 기도실을 만들고 불치병에 걸린 어린이들의 소원을 들어주는 단체인 '팀 티보 재단'을 만들었어요. 2018년에는 〈런 더 레이스〉라는 감동적인 스포츠 영화를 제작하기도 했지요. 티보는 사람들이 예수 그리스도 안에서 인생의 목적을 찾도록 격려하기 위해 《바로 오늘입니다》 등 여러 권의 책을 썼어요.

* 홈스쿨링은 학교에 가지 않고 집에서 부모님에게 교육받는 것을 말해요.
** 운동선수들이 햇빛으로 인한 눈부심을 막기 위해 눈 밑에 바르는 검은색 물질이에요.

네이트 세인트

항공 선교사

| 1923-1956 |

네이트 세인트는 "나는 하나님의 기름투성이 정비사"라고 농담하곤 했어요. 세인트는 기독교 선교에 헌신한 가정에서 자랐어요. 일곱 살에 처음으로 비행기를 타 보았고, 고등학생이 되었을 때는 비행 수업을 받았지요. 제2차 세계대전 중에는 미국 육군 항공대에 입대했고요. 하지만 열아홉 살에 다리에 생긴 염증 때문에 군용 항공기 조종사가 되지는 못했지요.

전쟁이 끝난 후 세인트는 미국 항공선교회에 참여했어요. 그가 맡은 첫 번째 임무는 선교회의 망가진 비행기를 고치는 일이었죠. 기계를 잘 다루던 세인트는 비행기를 고쳐 멕시코 정글 위로 날아오르게 했어요.

세인트는 휘튼 대학 졸업 후 1948년 마저리 패리스와 결혼하여 에콰도르로 갔어요. 그는 이중분사 엔진과 버킷 드롭 등 지금도 항공 선교사들이 사용하는 여러 장치를 발명했어요. 버킷 드롭은 양동이에 선교 물품을 담아 공중에서 떨어뜨리는 방법인데, 세인트는 버킷 드롭으로 와오라니 족에게 선물을 주면서 그들과 평화적으로 만날 수 있길 바랐어요. 아우카(야만인)라고 불리는 와오라니 족은 사람을 자주 죽여서 모두가 그들을 무서워했어요.

세인트와 다른 선교사 네 명은 선물을 전달하며 용기를 얻어, 와오라니 마을 근처 강변에서 야영을 했어요. 세인트는 비행기를 태워 주려고 부족민 한 명을 데려오기도 했지요. 하지만 평화적인 분위기는 오래가지 않았어요. 선교사들은 와오라니 족의 창에 죽고 말았어요.

비록 세인트는 죽었지만 그의 죽음은 헛되지 않았어요. 와오라니 족은 그의 누나인 레이첼 세인트와, 세인트와 함께 순교한 선교사 짐 엘리엇의 아내 엘리자베스 엘리엇이 전한 복음을 받아들여 하나님을 믿게 되었으니까요. 나중에 세인트의 자녀 중 두 명은, 아버지를 죽였으나 회심하여 목사가 된 와오라니 부족민에게 세례를 받았답니다.

제시 부시헤드

체로키 족 설교가

| 1804-1844 |

제시 부시헤드는 미국 테네시주에 있는, 체로키 족의 작은 정착지에서 태어났어요. 체로키 족은 북미 인디언 중 하나예요. 부시헤드의 체로키 식 이름은 '우나다티'였어요. 그는 캔디 크리크 선교학교에 다녔어요. 그러다 스물여섯 살에 예수님을 믿었고, 그 후 침례교 목사가 되었지요. 부시헤드는 체로키 족을 위해 50여 년간 사역한 웨일스 출신 선교사 에반 존스 목사의 통역으로 일했어요.

1836년부터 1839년까지 비극적인 일이 일어났어요. 앤드루 잭슨 대통령과 그 후임 마틴 밴 뷰런 대통령이 체로키 족에게 농장과 집을 미국 정부에 넘기라고 명령했거든요. 그러고는 인디언들이 살도록 정부에서 정해 준 서부 오클라호마 준주로 가라고 했어요. 부시헤드와 존스 목사는 이런 부당한 대우에 항의했지만, 평화로운 해결을 협상하기 위한 힘이 없었어요.

낙심한 체로키 족은 매달 거대한 무리를 이루어, '눈물의 길'이라고 부르는 길을 따라 슬픔 가운데 강제로 서부를 향해 갔어요. 그들이 차례대로 출발하도록 군인들이 지키고 있었지요. 1838년 부시헤드는 1천여 명의 사람들을 이끌고 2,000킬로미터나 되는 길을 떠났어요. 식량이 부족했고, 가는 도중 많은 사람이 콜레라와 백일해 등 여러 질병으로 목숨을 잃었어요. 긴 여정 내내 부시헤드는 늘 하나님의 말씀을 전하며 예수 그리스도에게 소망을 두라고 사람들을 격려했어요.

부시헤드는 1839년에 지금의 오클라호마주 웨스트빌 근처에 도착해 그곳에 침례교 선교회를 세웠어요. 1840년에는 체로키 족 대법원장이 되었고 마흔 살에 병에 걸려 숨을 거둘 때까지 대법원장으로 일했지요. 부시헤드의 묘비에는 "살았을 때와 마찬가지로 신실한 기독교인으로 잠들다"라고 적혀 있답니다.

JESSE BUSHYHEAD

윌리엄 틴들
용감한 성경 번역가

| 1494-1536 |

틴들은 영국의 한 농장에서 자랐어요. 틴들이 매우 똑똑하고 언어에 재능이 있다는 것을 알아보고 부모님은 열두 살인 아들을 옥스퍼드 대학에 보내 신학을 공부하게 했어요. 틴들은 거기서 히브리어와 그리스어, 라틴어를 비롯해 일곱 개 언어를 배웠지요.

그 당시 영국인들은 대부분 성경을 갖고 있지 않았어요. 영어로 된 성경이 없었거든요. 법으로도 목사만 성경을 가질 수 있게 정해 놓았지요. 성경은 교회에 가야 읽어 주었는데, 교육을 많이 받은 사람만 알 수 있는 라틴어로 되어 있었어요. 그러나 틴들은 하나님께서 평범한 사람들도 스스로 읽을 수 있는 성경을 주시길 원한다고 믿었답니다.

1524년 틴들은 배를 타고 영국 해협을 건너 유럽으로 갔어요. 그 후로 고향과 가족을 다시는 볼 수 없었지요. 그는 독일에 숨어서 신약성경을 영어로 번역했어요. 그의 뜻에 공감한 한 인쇄업자의 도움으로 영어로 된 신약성경 6천 부를 인쇄해 영국으로 몰래 들여보냈어요. 어떤 때에는 곡물통 바닥에 숨겨 보냈지요. 신약성경은 빠르게 팔려 나갔어요.

영국 왕과 영국 교회는 틴들을 이단•으로 규정하고 그를 찾으려고 첩자까지 보냈어요. 틴들은 한 친구의 배신으로 체포되어 성의 지하 감옥에 갇혔고, 결국 목이 매달린 채 화형을 당했지요. 그는 죽기 직전 이렇게 말했어요. "주님, 영국 국왕의 눈을 열어 주십시오."[4]

그로부터 얼마 후, 헨리 8세가 윌리엄 틴들의 신약성경을 보고 영국 전역에 영어 성경 인쇄와 판매를 허락했어요. 하나님께서 틴들의 마지막 기도를 들어주신 거예요.

• 정통신앙 교리에서 벗어나 그릇된 주장과 가르침을 전하는 무리를 일컫는 말이에요.

William Tyndale

리처드 앨런

아프리카 감리교 감독교회의 설립자

| 1760-1831 |

미국 델라웨어주에 있는 농장에서 노예로 자란 리처드 앨런은 혼자서 읽고 쓰는 법을 배웠어요. 아무도 그가 유명한 설교자가 되고 아프리카 감리교 감독교회(AME)를 세우리라고는 상상하지 못했지요.

앨런은 열일곱 살에 근처 감리교 교회에서 열린 부흥회에 참석했어요. 그곳에서 예수님을 구원자로 받아들이고 농장으로 돌아가 복음을 전하기 시작했어요. 젊은 앨런의 전도로 믿게 된 사람 중에는 농장 주인 스토클리 스터지스도 있었어요. 스터지스는 앨런의 재능을 알아보고 그가 노예에서 벗어날 돈을 모으도록 다른 곳에서 일하게 해 주었어요. 당시 노예들은 돈을 내고 노예에서 벗어나기도 했거든요.

앨런은 순회 목사가 되어 델라웨어와 주변 지역의 감리교회에서 말씀을 전했어요. 저명한 백인 교회 지도자들도 앨런의 설교에 감동했지요. 필라델피아에 갔을 때, 앨런은 세인트 조지 감리교회에 참석했어요. 기도 모임에서 보여준 앨런의 지도력에 많은 아프리카계 미국인들이 감명을 받았어요. 하지만 흑인은 의자에 앉을 수 없고 벽 쪽으로 바닥에 앉아야 한다는 말을 듣자 곧 분위기가 험악해지고 말았지요.

이 사건을 겪으면서 앨런은 아프리카계 미국인들도 인간답게 예배할 수 있는 교회를 만들어야겠다고 생각했어요. 그래서 친구 압살롬 존스와 함께 대장간으로 쓰던 건물을 사서 미국 최초의 아프리카 감리교 감독교회를 열었지요.

앨런의 첫 아내는 병으로 세상을 떠났어요. 그 후 흑인 노예의 탈출을 돕는 비밀 조직인 '지하철도'에서 일하던 세라와 재혼하여 여섯 자녀를 두었어요. 앨런과 세라는 1820년대에 교회 회중이 7,500명에 이르는 놀라운 성장을 함께 지켜보았지요. 현재 AME 성도는 5개 대륙, 39개국에 널리 퍼져 있답니다.

RICHARD ALLEN

다미앵 신부
나환자를 사랑한 선교사
| 1840-1889 |

요제프 드 뵈스테르(Joseph de Veuster)는 벨기에의 한 농장에서 태어나 신실한 가톨릭 신자인 부모님 밑에서 자랐어요. 선교사가 되고 싶었던 요제프는 가톨릭 사제가 되어 '다미앵'이란 세례명을 받았지요. 1863년 다미앵은 배를 타고 하와이 왕국의 호놀룰루로 갔어요. 거기서 어린이들까지 포함된 나환자 700명이 왕의 명령으로 몰로카이섬으로 추방되었다는 소식을 들었어요. 치료가 안 된다는 이유로 쫓겨난 것이죠.

한센병이라고도 부르는 나병은 피부병이 심해지면서 감각이 사라지는 질병이에요. 다미앵은 나환자들을 깊이 사랑하는 마음으로 '살아 있는 시체들의 섬'이라는 음산한 이름으로 불리는 몰로카이로 갔어요. 다미앵은 환자들의 도움을 받아 판잣집을 헐고 아늑한 오두막을 지었어요. 그곳에 농장과 학교를 만들고, 교회를 짓고, 어린이 합창단을 모집했지요. 환자들의 붕대를 갈아 주고, 죽은 이들을 위한 무덤을 만들어 주기도 했어요.

다미앵의 담대한 지도력과 다정한 미소 덕분에 그 지역은 나날이 살기 좋은 곳으로 변했어요. 그러면서 그의 이야기가 하와이 전역과 전 세계로 퍼져 나갔어요. 다미앵의 헌신적인 봉사활동을 돕기 위한 후원금이 쏟아졌어요. 개신교 교회들도 옷과 식량, 구호품 등을 보내왔지요.

다미앵은 고립된 섬에서 10여 년간 사역했어요. 그러던 어느 날, 뜨거운 물에 발을 씻는데 물이 뜨겁지 않았어요. 다미앵도 이 무서운 병에 걸린 거예요. 그러나 침대에 누워 움직일 수 없을 때까지 열심히 봉사했어요. 그는 마지막 편지에 이렇게 썼어요. "내 얼굴과 손은 이미 썩어 가지만, 선하신 주님은 함께 부활절을 기념하자고 부르시네."[5]

다미앵은 마흔아홉 살의 나이로 눈을 감았어요. 2009년에는 성인으로 인정받아 하와이 최초의 성인이 되었답니다.

C. S. 루이스

나니아의 창조자

| 1898-1963 |

클라이브 스테이플스 루이스는 아일랜드에서 태어나 자랐어요. 루이스와 형 워렌은 말하는 동물 이야기, 멋진 기사 이야기를 지어 내는 걸 좋아했어요. 루이스는 '잭'이란 이름으로 불리는 것도 좋아했지요. 그가 열 살이 되던 해에 어머니가 암으로 돌아가셨어요. 루이스는 분노와 슬픔에 빠져 하나님에게서 등을 돌리고 말았어요.

제1차 세계대전이 일어나 열아홉 살 때 영국군에 입대하여 전쟁에 참전했어요. 하지만 포탄 파편에 부상을 입고 다음 해에 고향으로 돌아왔어요. 루이스는 옥스퍼드 대학교를 졸업한 후 모교에서 학생들을 가르쳤어요. '잉클링즈'(Inklings)라는 작가 모임에도 참여했지요. 그는 J. R. R. 톨킨과 다른 여러 작가와 대화하면서 1929년에 예수 그리스도를 마음에 받아들였어요.

제2차 세계대전 중 루이스는 기독교를 소개하는 유명한 라디오 방송을 맡았어요. 이 방송의 내용을 묶어 출간한 책이 바로 《순전한 기독교》예요. 루이스는 전쟁으로 폐허가 된 런던에서 피난 온 여학생들에게 자기 집을 내주었어요. 이때의 경험에서 영감을 받아 '나니아 연대기' 시리즈의 첫 번째 작품인 《사자와 마녀와 옷장》을 썼지요. 전쟁이 끝난 후 영국의 총리 윈스턴 처칠이 그에게 명예 귀족 칭호를 주고 싶다고 알려 왔어요. 하지만 루이스는 정치적인 일이라면 그 무엇과도 연관되고 싶지 않다며 정중히 거절했어요.

루이스는 책을 열심히 썼고, 전 세계의 팬들이 보내 온 수천 통의 편지에도 직접 답장을 써서 보냈어요. 1954년에는 케임브리지 대학교의 영문학 교수가 되었죠. 독신이던 그는 몇 년간 미국 여성인 조이 데이빗먼과 연락을 주고받다가 쉰여덟 살에 결혼했어요.

루이스는 미국의 존 F. 케네디 대통령이 암살당한 날인 1963년 11월 22일 눈을 감았어요. C. S. 루이스는 지금도 가장 널리 읽히고 많이 인용되는 기독교 작가랍니다.

디켐베 무톰보
미국 농구계의 전설

| 1966-현재 |

디켐베 무톰보는 콩고민주공화국에서 태어나, 열 명의 형제와 함께 신앙심이 깊은 기독교 가정에서 자랐어요. 부모님은 자녀들에게 교육과 신앙 그리고 어려운 사람을 돕는 일이 아주 중요하다고 가르치셨죠. 무톰보는 그 시절에 대해 이렇게 말했어요. "어머니는 배고프거나 잠잘 곳이 필요한 사람을 절대 그냥 보내는 일이 없었어요. 그래서 우리 가족은 집에 늘 낯선 손님이 와 있는 상황에 익숙했지요."[6]

무톰보는 1987년에 미국으로 가서 워싱턴에 있는 조지타운 대학교에 장학생으로 입학했어요. 신입생의 키가 무려 2미터 18센티미터라는 사실을 안 농구부 감독은 그에게 농구부에 지원해 보라고 권했어요. 무톰보는 농구 코트에서 금세 유명인이 되었죠.

그는 1991년 외교학과 언어학으로 학위를 받고 졸업하자마자 미국 프로농구협회(NBA) 소속 덴버 너기츠 팀의 선수로 선발되었어요. 무톰보는 다섯 시즌 연속해서 블록슛으로 NBA를 이끌었어요. 세 시즌 내내 이전 기록을 깨뜨리며 게임 당 블록슛 기록을 새로 세우기도 했어요. 그러면서 가장 유명한 슛 블로커이자 시대를 초월하는 수비수로 명성을 얻었지요. 2009년 휴스턴 로키츠에서 은퇴한 후, 무톰보는 최초의 NBA 국제홍보대사가 되어 아프리카, 아시아와 중동을 여행하며 '국경 없는 농구'(Basketball without Borders) 등 다양한 NBA 프로그램을 알렸어요.

무톰보는 코카콜라가 수여하는 2019 애틀랜타 스포츠위원회의 공로상을 받았어요. 또 디켐베 무톰보 재단을 세워 콩고 시민의 건강과 교육 발전을 위해 일하고 있어요. 존경하는 어머니의 이름을 딴 비암바 마리 무톰보 병원에서는 지금까지 10만 명 이상의 여성과 아이들이 치료를 받았답니다.

제러미 캠프

충성스러운 기독교 음악가

| 1978-현재 |

제러미 캠프는 미국 인디애나에서 목사의 아들로 태어났어요. 캠프의 아버지는 어릴 때부터 음악에 큰 관심을 보이는 아들에게 기타 연주하는 법을 가르쳐 주었어요. 캠프는 고등학교를 졸업하고 캘리포니아에 있는 갈보리 채플 성경 대학에 입학했어요. 입학 후 학교의 예배 인도자가 캠프의 기타 연주를 듣고는 찬양 사역팀에 들어오라고 권했지요.

캠프는 곧 캘리포니아주에서 열리는 여러 기독교 찬양 집회에서 연주하게 되었어요. 2000년에는 첫 번째 앨범인 〈내가 짐을 지고〉(Burden me)를 발매하고, 같은 해 멜리사 헤닝과 결혼했어요. 하지만 멜리사는 2001년 난소암으로 그의 곁을 떠났고 말았어요. 캠프는 마음이 매우 아팠지만, 그 슬픔과 예수님에 대한 변함없는 믿음을 음악에 쏟아부었어요. "나는 여전히 신뢰해"(I Still Believe)라는 찬양곡으로 재능 있는 기독교 음악가라는 명성을 얻었어요.

2002년에는 기독교 음반사인 BEC와 계약하고 미국 전역에 〈스테이〉(Stay)를 발매했어요. 이 앨범에서 다섯 곡이 크리스천 싱글 차트 상위권에 올랐지요. 캠프는 2003년에 가수인 에이드리엔 리싱과 결혼하여 자녀 셋을 두었어요. 캠프는 복음 전도에 더 큰 관심을 보이며 음악과 예배로 온 세상에 그리스도의 말씀을 전하고 싶었어요. 앨범 〈전보다 더 크게 외치며〉(Speaking Louder Than Before)가 성공하면서, 캠프 부부는 2012년에 '더 크게 외치며'(Speaking Louder)라는 비영리 단체를 만들었어요. 그리고 이 단체를 통해 시리아와 이라크 난민이 집과 직업을 찾도록 돕고 있어요.

캠프의 음악은 여러 다양한 상을 받았으며 전 세계 36개국에서 사랑받고 있어요. 캠프는 자신의 노래와 회고록 《나는 여전히 신뢰해》(I Still Believe)를 통해 자신의 신앙을 전하고 있답니다.

애도니럼 저드슨

유명인이 된 선교사

| 1788-1850 |

애도니럼 저드슨은 그리스도를 위해 감옥의 쇠사슬, 열대의 열병, 쥐와 벼룩 같은 모든 것을 견뎌 냈어요.

저드슨은 미국 매사추세츠에서 목사의 아들로 태어났고, 책 읽기를 좋아하는 책벌레였어요. 세 살 때부터 성경을 읽기 시작했고, 열아홉 살에는 브라운 대학교를 수석으로 졸업했지요. 이때는 신앙이 없는 친구의 영향으로 예수님을 믿지 않았어요. 그는 극작가가 되기로 마음을 먹고 뉴욕시로 갔죠. 하지만 꿈을 이루지 못한 데다 친구가 갑작스레 죽는 사고를 겪고 나서 고향으로 돌아왔어요. 저드슨은 자신의 삶을 다시 예수님께 드리기로 결심하고 앤도버 신학대학원에 입학했고, 선교에 관심을 두었지요.

1812년, 저드슨과 아내 앤 하셀틴은 미국 최초의 해외선교팀 일원이 되어 배를 타고 아시아로 갔어요. 저드슨 부부는 지금은 미얀마로 부르는 버마에 도착하여 열악한 날씨, 질병, 자녀의 죽음을 비롯해 힘든 일을 많이 겪었어요. 저드슨은 첩자로 오해를 받아 감옥에 갇혔다가 아내 앤의 기도와 영국군의 중재로 풀려나기도 했어요.

저드슨의 고생은 끝나지 않았어요. 첫 번째 아내 앤과 사별했으며, 두 번째 아내 세라, 그리고 자녀 몇 명을 잃었거든요. 깊은 우울과 슬픔을 느끼면서도 저드슨은 성경을 버마어로 번역하는 일에 최선을 다했어요.

33년 만에 미국으로 돌아왔을 때 그의 이름이 온 나라에 알려져 유명인사가 되어 있었어요. 수천 명이 그의 강연을 들으러 찾아왔고, 선교 후원금이 쏟아졌지요. 1846년 저드슨은 엘리자 처벅과 결혼하여 다시 버마로 갔어요. 얼마 후 저드슨은 폐렴으로 죽었지만 그의 사역은 많은 열매를 맺었어요. 버마어 성경 번역을 끝마쳤고, 버마어-영어 사전도 만들었으며, 현지인 목사들과 수천 명의 성도들과 함께 교회를 63개나 세웠어요. 현재 미얀마에는 기독교 인구가 수백만 명에 이른답니다.

ADONIRAM JUDSON

C. 에버렛 쿠프

소아의학의 개척자

| 1916-2013 |

찰스 에버렛 쿠프는 미국 브루클린에서 은행가인 아버지의 외동아들로 태어나, 여섯 살에 외과 의사가 되겠다고 마음먹었지요. 쿠프는 잡지 사진을 오리며 손재주를 키우고, 매듭을 한 손으로 묶는 법도 배웠어요. 십 대에는 지역 병원에서 자원봉사를 했어요. 그리고 겨우 열아홉 살 때 의사의 감독 하에 다리 수술을 해냈지요.

쿠프는 미식축구 장학생으로 다트머스 대학교에 입학했고 '병아리'라는 별명을 얻었지요. 하지만 눈을 다쳐서 미식축구를 그만두었어요. 쿠프는 의과대학 시절에 만난 베티 플래너건과 결혼하여 자녀 넷을 두었어요. 그는 소아 수술을 전문으로 하는 의사로서 아기에게 마취약이 필요 이상으로 투입되는 것을 막는 장치를 발명했고, 신생아에게 흔한 선천성 장애를 치료하는 수술법을 개발했어요. 또 몸 일부가 붙어서 태어난 샴쌍둥이를 성공적으로 분리해 내어 전 세계적으로 유명해졌지요.

쿠프는 태아와 지체장애인의 인권 보호에도 힘을 쏟았지요. 1979년 신학자 프랜시스 쉐퍼와 함께 "인류에게 무슨 일이 일어났는가?"(Whatever Happened to the Human Race?)라는 영상물 시리즈를 제작했어요. 쿠프는 로널드 레이건 정부 시절에 미국 공중보건위생국 국장 후보로 지명되었어요. 그런데 그가 기독교적 기준을 사회에 적용하도록 압박하는 '기독교 행동주의'를 지지한다는 이유로 심한 반대에 부딪혔지요. 반대자들은 쿠프를 괴짜 박사라고 부르며 비난했지만 그는 꿋꿋이 말했어요. "내게 확신이 가장 필요한 순간에 주님이 확신을 주셨습니다."[7]

쿠프는 보건위생국 국장으로서 대중에게 흡연과 간접흡연에 관해 교육했어요. 음란물이 건강에 해롭다는 점을 경고했고, 연방정부 공무원으로서는 최초로 에이즈 보고서를 발표했어요. 쿠프는 은퇴 후에도 보건 의료 분야의 책을 쓰고 강연하는 일을 계속했지요. 쿠프의 획기적인 수술 방법은 지금도 사용되고 있답니다.

C. Everett Koop

프랜시스 쉐퍼

탁월한 기독교 지성인

| 1912-1984 |

프랜시스 쉐퍼는 20세기 최고의 기독교 지성인으로 평가받아요. 1960년대에서 1980년대까지 기독교 복음주의에 속한 사람이라면 누구나 그의 이름을 알 정도였어요. 하지만 쉐퍼가 항상 신앙이 좋았던 것은 아니에요. 젊었을 때는 하나님이 존재한다는 것을 믿지 않았어요. 그러다가 햄든 시드니 대학에서 성경을 읽고 나서 삶이 바뀌었지요.

쉐퍼는 한 강연장에서 이디스 세빌을 만났는데, 두 사람 모두 강사의 잘못된 의견에 공개적으로 반대했어요. 그렇게 만난 두 사람은 1935년에 결혼했고, 이디스는 쉐퍼가 신학을 공부하도록 응원해 주었어요. 쉐퍼 부부는 선교사가 되어 1948년에 네 자녀와 함께 스위스로 갔어요. 1955년에는 라브리 공동체를 세워서 히피, 마약 중독자, 사회에서 뒤처진 사람, 기독교에 실망한 사람들을 받아들였어요. 헐렁한 반바지에 무릎까지 오는 목이 긴 양말을 신은 쉐퍼는 이전에 아무도 시도하지 않았던 새로운 방식으로 예수 그리스도를 가르쳤어요. 기독교 세계관을 바탕으로 환경오염이나 인종차별 같은 문제도 낱낱이 파헤쳤지요.

쉐퍼는 때때로 우울함과 싸우면서도 책을 스물두 권이나 집필하여 사람들의 생각을 일깨우고 큰 영향을 주었어요. 1979년에는 쿠프 박사와 함께 《인류에게 무슨 일이 일어났는가?》•라는 책을 써서 낙태 반대 운동을 활발하게 일으켰어요. 1981년에는 《기독교 선언》을 썼는데, 카를 마르크스와 프리드리히 엥겔스가 1848년에 쓴 소책자 《공산당 선언》에서 제목을 따왔지요.

쉐퍼는 말했어요. "우리가 젊은이들에게 한 가장 부당한 일 중 하나는 그들에게 보수적이 되라고 요구한 것입니다. 기독교는 보수적이 아니라 혁명적입니다."[8] 스위스와 한국, 미국에 지부가 있는 프랜시스 A. 쉐퍼 재단과 라브리 공동체는 쉐퍼가 남긴 소중한 유산이랍니다.

• 한국어판은 《낙태, 영아살해, 안락사에 대한 그리스도인의 자세》(생명의말씀사, 1995)라는 제목으로 나왔어요.

Francis Schaeffer

존 캐드버리

초콜릿 바를 만드는 자선가

| 1801-1889 |

존 캐드버리는 영국의 신실한 퀘이커교 집안에서 태어나 아홉 형제와 함께 자랐어요. 십 대 시절에는 차를 파는 상점에서 일했고, 나중에는 직접 가게를 차려서 차와 커피, 초콜릿 음료를 팔았지요. 캐드버리는 사람들이 건강을 위해서 술 대신 음료를 마시길 바랐어요. 장사가 잘되자, 캐드버리는 공장을 짓고 수천 명의 직원을 고용했어요. 초콜릿을 만들고 초콜릿을 담을 예쁜 상자도 만들었지요.

캐드버리는 술이 많이 팔릴수록 사람들의 건강이 나빠지고, 세상에 가난과 폭력이 늘어난다고 생각했어요. 그리고 전쟁과 노예제에 반대했지요. 그는 아들 조지와 리처드가 신앙을 중요하게 여기도록 키웠어요. 공장에서도 직원들이 매일 아침 성경을 읽고 기도하도록 격려했지요. 캐드버리의 초콜릿 회사는 직원들을 너그럽게 대하고 복지가 좋은 회사로도 유명해졌어요. 직원들에게 알맞은 임금을 주고 주말에는 쉴 수 있게 했지요. 곧 다른 사업가들도 캐드버리를 따라 하기 시작했어요.

캐드버리는 15세 이하 어린이의 노동을 금지하는 캠페인을 벌였고, 동물학대 방지를 위한 단체 활동을 시작했어요. 1854년 캐드버리는 빅토리아 여왕으로부터 왕실 조달 허가증(Royal Warrant)을 처음 받았어요. 캐드버리 초콜릿이 영국 여왕이 선택한 공식 초콜릿이 되었죠!

1855년에 아내가 죽은 후 캐드버리의 건강도 나빠졌어요. 캐드버리는 아들 조지와 리처드에게 사업을 넘겨주었어요. 캐드버리 초콜릿은 복잡한 도시를 벗어나 외곽으로 공장을 옮기고 직원들을 위해 빛이 잘 드는 환한 집과 정원, 스포츠 시설을 갖춘 마을을 만들었어요. 또 크림이 채워진 부활절 달걀처럼 새로운 종류의 간식도 개발했지요.

현재 캐드버리사는 세계에서 가장 큰 제과 회사 중 하나랍니다.

빌리 그레이엄
복음 전도의 슈퍼스타

| 1918-2018 |

빌리 그레이엄은 미국 노스캐롤라이나의 목장에서 자랐어요. 네 형제 중 맏이였던 그레이엄은 어릴 때부터 기독교인인 부모님에게 신앙과 가치관을 배웠지요. 성인이 되기 전 십 대 시절에 복음 전도자 모데카이 햄이 이끄는 부흥회에 참석했는데, 먼훗날 그는 이렇게 썼지요. "나는 혼자 힘으로 예수님을 아는 것이 아니었다. 부모님의 신앙에 기댈 수밖에 없었다."[9]

그레이엄은 다시 진지하게 신앙을 받아들이고 스물한 살에 침례교 목사가 되었어요. 그리고 루스 벨과 결혼하여 다섯 명의 자녀를 두었지요. 그는 여러 부흥회와 전도 집회에서 하나님의 말씀을 전했어요. 당시 전 세계가 핵무기를 두려워하던 때였는데, 그레이엄은 예수님 안에 있는 소망을 전했어요.

1949년 로스앤젤레스 전도 집회에서 가수 로이 로저스와 데일 에반스, 그리고 여러 유명인사가 기독교인이 되었어요. 그러면서 그레이엄의 이름이 미국 전역에 알려졌지요. 그레이엄은 하나님의 사랑은 인종에 따라 다르지 않다고 선언하며 용감하게 인종차별에 반대하는 말을 했어요. 1952년 테네시 집회에서 설교할 때는 백인 자리와 흑인 자리를 나누어 놓은 밧줄을 직접 치워 버렸지요.

런던에서 부흥회를 할 때, 영국의 어떤 정치인들은 그레이엄의 정치적 견해를 이유로 집회가 열리는 것을 반대했어요. 그레이엄과 집회준비팀은 하나님을 찬양하는 집회가 되길 기도했어요. 그날 밤 2만 2,000명이 들어올 수 있는 경기장은 사람들로 꽉 찼어요. 그레이엄은 석 달간 머물며 점점 더 많아지는 청중들에게 복음을 전했어요.

1954년 그레이엄은 〈타임〉지 표지에 실리면서 세계에서 가장 유명한 복음 전도자가 되었어요. 빌리 그레이엄은 라디오와 텔레비전, 글을 통해 185개국 2억 명에 이르는 사람들에게 복음을 전해, 역사상 그 누구보다도 많은 사람에게 복음을 전파한 공로를 인정받고 있답니다.

제러미 린

농구 천재

| 1988-현재 |

제러미 린은 아버지가 삼 형제에게 처음 농구를 가르쳐 준 그 순간부터 농구를 좋아했어요. 대만 출신 이민자로 미국 캘리포니아주에서 태어난 린은 화목한 기독교 가정에서 자랐어요. 린은 고등학생 때 예수님을 진심으로 믿게 되었지요. 농구에도 재능을 보이면서 고등학교 4학년 때 캘리포니아 학교 스포츠 연맹 2부 리그에서 팀을 우승으로 이끌었고, 북부 캘리포니아주 2부 리그에서 올해의 선수로 지명됐어요. 이처럼 농구에 재능이 있었지만 농구 장학생으로 뽑히지는 못했어요.

린은 하버드 대학교에서 경제학으로 학위를 받았고, 농구 선수로도 활동했어요. 린은 그해에 가장 뛰어난 대학 농구 선수에게 주는 존 우든 상과 최우수 포인트 가드에게 주는 밥 쿠지 상의 최종 후보에 올랐어요. 2010년에 미국 프로농구협회(NBA) 프로선수로 선발되길 바랐으나 뜻대로 되지는 않았어요. 하지만 2011~2012 시즌에 뉴욕 닉스 팀과 계약하면서 상황이 완전히 바뀌었죠. 린은 뉴욕 닉스가 연이어 승리하는 데 아주 중요한 역할을 했어요. NBA 출전 초반 다섯 경기에서 역사상 그 어느 선수보다도 많은 점수를 올리며 린은 세계적으로 '린새니티' 열풍을 일으켰어요. 그의 이름과 열광을 뜻하는 말을 합친 별명이지요. 린은 〈타임〉지가 선정한 '세계에서 가장 영향력 있는 100인' 중 한 명이 되었어요.

린은 경기에 출전하지 못할 정도로 아프거나 다치기도 했고, 흑인 선수가 많은 스포츠계에서 차별을 당하기도 했어요. 현재 린은 계속 프로 농구 선수로 활약하고 있는데, 이동할 때는 녹음된 설교를 들어요. 린은 말하지요. "예수님과의 관계를 늘 생각하면 그것이 삶의 모든 영역에 실제로 영향을 끼칩니다."[10]

Jeremy Lin

존 녹스
혁명을 일으킨 종교개혁가

| 1514-1572 |

존 녹스는 폭동을 일으켜서 군주들을 화나게 했어요. 하지만 그의 열정적인 설교는 수천 명의 마음을 사로잡았고, 마침내 스코틀랜드에서 영적 혁명이 일어나는 계기가 되었지요. 평범한 농부의 아들로 태어난 녹스는 세인트 앤드루스 대학교에서 신학을 공부하고 1536년에 가톨릭 사제가 되었어요. 당시 가톨릭교회는 스코틀랜드 땅을 절반 넘게 소유하고 있어서 수입이 스코틀랜드 왕보다 무려 열여덟 배나 많았어요.

개신교를 믿으면 생명을 잃을 수도 있는 위험한 시기였지만, 녹스는 1542년에 개신교를 받아들였어요. 그는 양날 검을 들고 스코틀랜드 종교개혁가인 조지 위샤트를 호위했는데, 위샤트는 끝내 이단으로 처형당하고 말았어요. 분노한 녹스는 세인트 앤드루스 성에서 수비대의 사제로 활동했지요. 1547년 프랑스가 성을 공격해 녹스를 포함한 수비대 전원을 포로로 잡아갔고, 그는 노예가 되어 노 젓는 일을 하며 1년 반을 보냈어요.

녹스는 1549년에 풀려난 후, 개신교를 받아들인 영국 왕 에드워드 6세의 왕실 사제가 되었어요. 에드워드 6세가 죽고 누나인 메리가 여왕이 되었는데, 가톨릭 교인인 메리 여왕은 개신교 목사를 처형하라는 명령을 내렸지요. 녹스는 유럽으로 피신하여 신학자 장 칼뱅과 친구가 되었어요. 그는 두 번 결혼했고 다섯 자녀를 두었어요.

녹스는 생명의 위협을 받으면서도 다시 스코틀랜드로 돌아가서 장로교 교회를 세웠어요. 창문을 통해 녹스가 자주 앉아 있던 의자에 총알이 날아온 적도 있었는데, 의자를 뚫고 지나간 총알이 샹들리에를 산산조각 냈어요. 다행히 다른 의자에 앉아 있었던 녹스는 다치지 않았지요.

녹스의 영향력은 널리 퍼져 나갔어요. 오늘날 한국의 장로교인 수는 스코틀랜드보다 두 배나 많고, 많은 한국 기독교인이 녹스의 고향을 방문한답니다.

John Knox

돈 맥클라넨

담대한 농구 코치

| 1925-2016 |

돈 맥클라넨에게는 꿈이 있었어요. 프로 운동선수들이 광고에서 여러 상품을 자신 있게 선전하듯이, 기독교인 운동선수들이 담대하게 예수 그리스도를 전하는 것이었죠.

미국 뉴저지주 트렌턴에서 태어난 맥클라넨은 언제나 운동을 좋아했어요. 제2차 세계대전 중 해군으로 복무한 후, 오클라호마 주립대학교에서 학사 학위를 받았어요. 맥클라넨과 아내 글로리아는 네 자녀를 두었어요. 맥클라넨은 고등학교 농구부 감독으로 일하다가 동부 오클라호마 대학교 남자 농구팀 감독이 되었어요.

맥클라넨은 유명한 스포츠 스타는 영웅과 맞먹는 인기를 누린다는 것을 깨달았어요. 그래서 미국 청소년 3,000만 명이 신앙 훈련을 받지 않고 있다는 사실을 알았을 때, 스포츠로 그들의 신앙을 도울 방법을 고민했지요. 맥클라넨은 기독교인 운동선수들의 신문 기사를 오려 라커룸에 붙여 두고 경기 전에 기도했어요. 하나님께 헌신하는 기독교인 감독과 선수들을 통해 예수 그리스도께서 변화시킬 세상을 꿈꾸었지요.

맥클라넨은 사람들이 담대하게 예수를 전하도록 돕는 단체를 만들기 위해 유명한 기독교인 운동선수 열아홉 명에게 도움을 요청했어요. 그중 열네 명이 기꺼이 도와주었어요. 그는 기독교인 감독 및 사업가들과 힘을 모아서 1954년에 '기독교 운동선수협회'(FCA)를 설립했어요. 그의 꿈이 현실이 되었죠.

FCA는 지금도 감독과 운동선수들이 운동을 통해 자신의 삶을 그리스도께 헌신하도록 돕고 있지요. 맥클라넨은 84개국 1만 4,000개 대학 운동선수들에게 널리 영향을 주었어요. 매년 청소년 8만 8,000명 이상이 FCA 스포츠 캠프에 참석하고 있답니다.

Don McClanen

디트리히 본회퍼
나치에 저항한 신학자

| 1906-1945 |

디트리히 본회퍼는 재능 많고 총명한 독일인 가정에서 태어났어요. 아버지 카를 본회퍼는 독일에서 아주 유명한 정신과 의사였어요. 어머니는 똑똑하고 음악적 재능도 뛰어난 디트리히와 다른 일곱 자녀를 모두 홈스쿨링했어요. 본회퍼는 베를린 대학교에서 신학 박사 학위를 받은 후 루터교 목사가 되었고, 이후 미국 뉴욕으로 가서 유니언 신학교에서 공부를 계속했지요. 그는 아프리카 감리교 감독교회의 예배에 자주 참석했는데 거기서 흑인 영가의 매력을 알게 되었어요. 그래서 이런 노래들이 녹음된 자료를 즐겨 수집했지요.

본회퍼는 1931년에 독일로 돌아왔어요. 그는 자신의 책 《성도의 공동생활》에 이렇게 썼어요. "예수 그리스도는 적들 가운데 사셨다. 그러므로 그리스도인도 격리되어 숨어 살 것이 아니라 원수가 가득한 곳에 있어야 한다."[1]

나치주의를 강력히 반대했던 본회퍼는 같은 뜻을 가진 신학자들과 함께 비밀 조직을 만들고 리더가 되었어요. 1937년 나치가 신학교를 폐쇄하면서, 나치의 비밀경찰인 게슈타포는 본회퍼가 가르치거나 설교하지 못하게 막았어요.

본회퍼는 나치에 저항했고, 나치의 정책에 반대하는 기독교인들의 모임인 고백교회의 지도자가 되었지요. 오랫동안 기도하고 고민한 끝에, 그는 독일 첩보국의 고위 장교들과 합세하여 아돌프 히틀러를 암살할 계획을 세웠어요.

하지만 본회퍼는 마리아 폰 베데마이어와 약혼한 직후, 유대인들의 스위스행 탈출에 사용된 자금의 출처를 밝히는 과정에서 체포되었어요. 본회퍼는 음모를 꾸민 혐의로 감옥에 갇혔고, 히틀러가 자살하기 불과 몇 주 전인 1945년 4월에 교수형을 당하고 말았지요. 본회퍼가 쓴 《제자도의 대가》는 지금도 신학의 고전으로 널리 읽힌답니다.

DIETRICH BONHOEFFER

프레더릭 더글러스

노예제 폐지를 위해 싸운 정치인

| 1818-1895 |

미국 메릴랜드의 농장에서 노예로 태어난 프레더릭 더글러스는 잔인한 주인을 여럿 만났지요. 그는 십 대 때 백인 감리교 목사에게 예수님 이야기를 들은 뒤 예수님을 믿었어요. "세상이 새롭게 보였고, 가장 큰 관심사는 모든 사람이 예수를 믿는 것이었다. … 특히 성경의 내용을 빠짐없이 모두 알고 싶었다."[12]

노예에게 글을 가르치는 것은 불법이었지만 프레더릭의 여주인은 그에게 알파벳을 가르쳐 주었어요. 그 덕분에 그는 신문과 성경을 읽을 수 있게 되었죠. 자유인이 되고 싶었던 프레더릭은 선원으로 꾸미고 도망쳤어요. 뉴욕에서 더글러스라는 성을 쓰기 시작했고, 결혼하여 다섯 자녀를 두었어요.

뛰어난 웅변가였던 더글러스는 노예제 폐지 운동에 앞장서는 유명한 연설가가 되었어요. 그가 쓴 《프레더릭 더글러스의 인생 이야기》는 베스트셀러가 되었죠. 아프리카 감리교 감독교회(AME)의 목사로서 더글러스는 노예제 지지자들에 맞서 노예제 폐지를 강력히 주장했어요.

명성이 커지는 만큼 체포될 위험도 커지자 더글러스는 영국으로 피신했어요. 후원자들은 그가 자유인이 되는 데 필요한 돈을 모금했지요. 마침내 자유인이 되어 뉴욕으로 돌아온 더글러스는 노예제 폐지를 돕기 위해 신문을 발행하기 시작했어요. 남북전쟁에 참전할 흑인 부대를 조직하려고 에이브러햄 링컨 대통령을 만나기도 했고요.

더글러스의 집에 불이 났을 때, 사람들은 누군가 일부러 불을 질렀을 것이라고 의심했어요. 진 재산을 잃은 더글러스는 가족을 데리고 워싱턴으로 갔어요. 제임스 가필드 대통령은 더글러스에게 공무원 직을 제안했고, 이후 벤저민 해리슨 대통령은 그를 아이티 주재 미국 대사로 임명했어요. 더글러스의 업적은 워싱턴에 있는 프레더릭 더글러스 국립 사적지에 남아 있답니다.

허드슨 테일러

영혼을 찾는 사람

| 1832-1905 |

다섯 살배기 허드슨 테일러가 중국 선교사가 될 거라고 말했을 때, 그의 부모는 아들이 이전의 선교 방식을 완전히 바꿔 놓는 사람이 되리라고는 전혀 짐작하지 못했어요.

테일러는 영국에서 태어났는데, 아버지는 약사이면서 감리교 평신도 설교자였어요. 기독교 집안에서 자랐지만 반항적인 청소년기를 보낸 그는, 열일곱 살에 예수님의 십자가 희생을 설명한 소책자를 읽고 회심을 경험했어요. 테일러는 선교사가 되어 하나님을 섬기기로 마음먹고, 그 순간부터 선교를 준비했지요.

1854년 스물한 살의 테일러가 배를 타고 중국 상하이로 갔을 때, 도시는 전쟁으로 완전히 산산조각 났고 각종 질병이 들끓고 있었어요. 다른 선교사들은 테일러를 무시했죠. 그가 교육을 많이 받은 것도 아니고 목사도 아니었거든요. 또 그들은 테일러가 중국인의 옷을 입고 중국인 머리 모양인 변발을 하고 나타나자 깜짝 놀랐어요. 그는 서양인의 생활방식을 버리고 중국인과 똑같이 살았어요. 얼마 지나지 않아 테일러는 중국인들의 신뢰를 얻었지요. 중국인 폭도들이 선교 본부에 불을 질렀을 때도 그는 중국인을 염려하여 영국군이 와서 폭동을 진압하는 것에 반대했어요.

1865년 테일러는 중국내지선교회(China Inland Mission)를 세웠어요. 선교회의 체계적인 운영과 그의 매력적인 성격 덕분에 테일러의 사역은 놀라운 성과를 이루었지요. 테일러는 800여 명의 선교사와 함께 20개의 선교 본부를 세워 12만 5,000명이 회심하도록 도왔어요.

하지만 그의 인생은 험난했지요. 질병과 거친 비난, 재정의 어려움을 겪어야 했고, 사랑하는 아내와 네 명의 자녀를 잃었어요. 테일러가 세상을 떠났을 때, 중국내지선교회는 세계에서 가장 큰 개신교 선교단체가 되어 있었어요. 허드슨 테일러는 그가 사랑했던 땅, 중국에 묻혔답니다.

Hudson Taylor

에드워드 제너

면역학의 아버지

| 1749-1823 |

목장에서 일하는 농부들은 거의 천연두에 걸리지 않아요. 그 이유가 무엇일까요? 소에게 있는 약한 우두 바이러스에 평소 자주 노출된다는 점과 어떤 관련이 있을까요? 에드워드 제너는 수년간 이 수수께끼를 풀려고 애썼어요.

제너는 목사인 스티븐 제너와 세라 제너 부부의 여덟째 아들로 영국에서 태어났어요. 상냥하고 온순한 성격의 제너는 열네 살 때부터 한 외과 의사 밑에서 9년간 수습 생활을 했어요. 제너는 목장을 방문하면서 목장 일꾼들의 피부가 깨끗하다는 사실을 발견했어요. 천연두에 걸리면 으레 생기는 움푹 팬 자국과 상처가 없었지요. 천연두는 매우 치명적이고 전염성도 높아서 걸리면 세 명 중 한 명은 목숨을 잃었는데, 사망자는 대부분 어린이였어요.

1778년 천연두가 크게 유행했어요. 제너는 여러 환자의 집을 오가느라 길에서 많은 시간을 보냈어요. 그러면서 목장 일꾼들은 왜 천연두에 걸리지 않는지 곰곰이 생각했어요.

1788년 캐서린 킹스코테와 결혼한 제너는 집에서 어린이를 위한 교회학교를 시작했어요. 1796년에는 천연두를 치료하기 위한 한 가지 가설을 실험했지요. 소젖을 짜는 하녀의 손에 우두 때문에 생긴 물집에서 고름을 긁어내 정원사의 여덟 살배기 아들의 팔에 접종했어요. 그 후 그 소년에게 천연두 바이러스를 주입했는데 천연두 증상이 나타나지 않았지요. 제너는 백신 접종 결과를 발표하기 전에 감염 징후가 나타나는지 꼼꼼히 시험했어요.

천연두 백신의 재료가 소의 바이러스라는 사실에 거부감을 느껴 접종을 반대하는 목소리도 있었지만 백신은 곧 인정을 받았어요. 1802년까지 제너는 국민적 영웅이었지요. 제너가 죽고 100년이 지난 후에도 그의 아이디어를 바탕으로 계속적인 의학 발전이 있었어요. 1980년에 세계보건기구는 천연두가 완전히 없어졌다고 공식적으로 선언했어요. 어떤 사람들은 제너가 이룬 업적이야말로 역사상 그 어떤 발견보다도 더 많은 생명을 구했다고 평가한답니다.

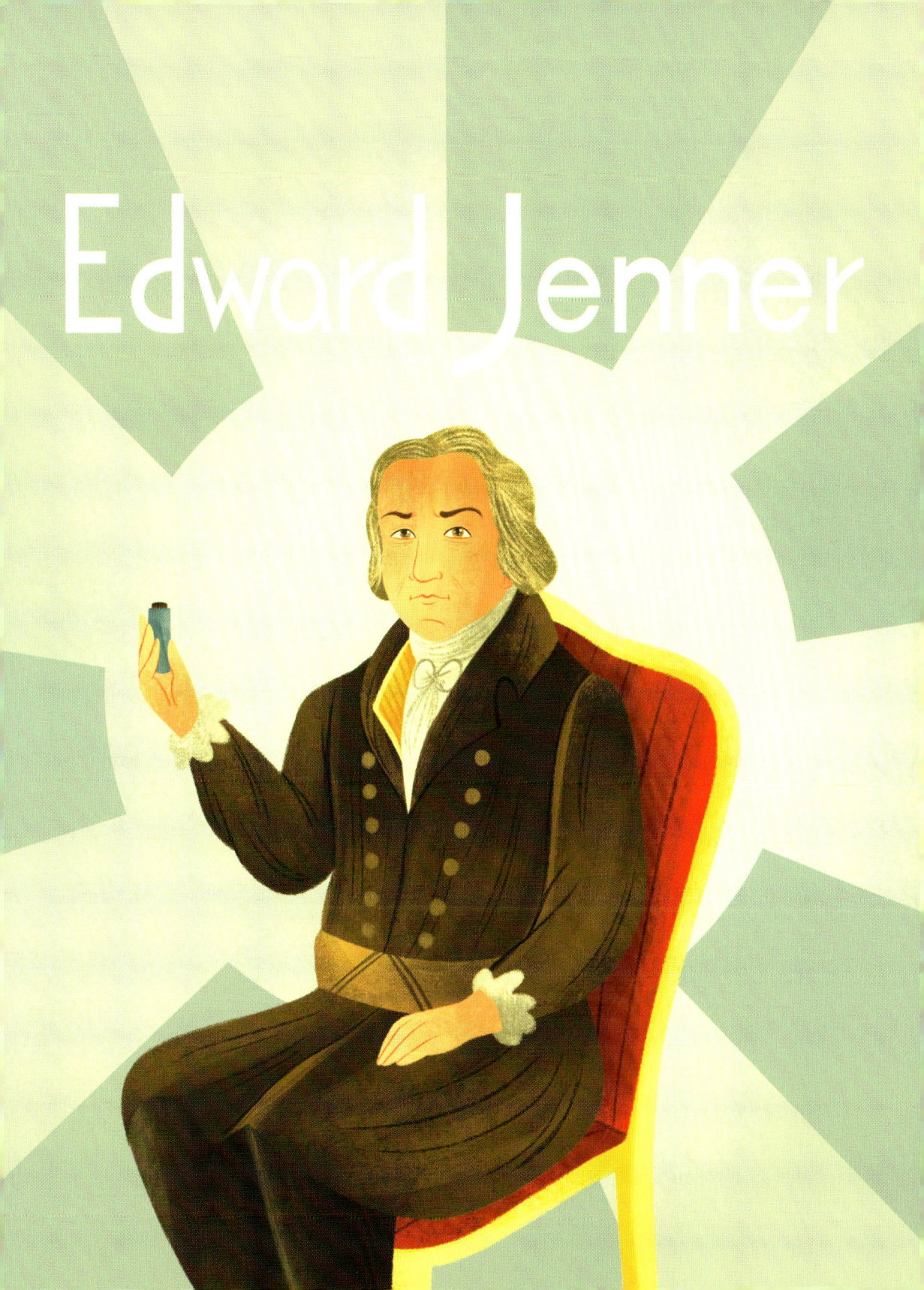

나빌 쿠레쉬

진리를 찾는 사람

| 1983-2017 |

나빌 쿠레쉬는 미국으로 이민한 파키스탄인 부모님 밑에서 태어나, 사랑이 넘치고 사이가 좋은 가정에서 자랐어요. 신실한 이슬람 교도로 자란 쿠레쉬는 네 살 무렵 파키스탄의 공용어인 우르두어와 아랍어, 영어를 알아들었고, 다섯 살에는 아랍어로 된 이슬람 경전 쿠란을 읽을 수 있었어요.

아버지는 쿠레쉬에게 이슬람교 신앙을 굳건하게 지키라고 가르쳤고, 쿠레쉬는 고등학생 시절 내내 아버지의 가르침을 잘 따랐어요. 대학에 입학한 후 데이비드 우드라는 이름의 기독교인을 만났는데, 우드는 성경을 하나님의 진리로 여기고 예수님을 구원자로 인정할 수 있도록 논리와 이성으로 쿠레쉬를 설득했어요. 두 사람은 종교가 달랐지만 좋은 친구가 되었지요.

쿠레쉬는 3년 동안 무함마드의 가르침과 예수의 가르침을 비교해 보았고, 무엇이 진리이고 무엇이 진리가 아닌지를 두고 씨름했어요. 그는 무슬림(이슬람교 신자) 전통을 지키면서도, 꿈에서 진리를 보여 달라고 하나님께 기도했어요. 하나님은 그에게 세 가지 꿈을 주셨지요. 마침내 쿠레쉬는 성경 말씀에서 평화를 찾았고 그리스도를 받아들였어요. 하지만 부모님은 쿠레쉬가 개종한 것을 알고 실망했어요.

쿠레쉬는 의학 공부를 마치고 기독교 변증론과 종교학으로 학위를 받았어요. 그의 책 《알라를 찾다가 예수를 만나다》는 〈뉴욕타임즈〉의 베스트셀러 목록에 올랐어요. 쿠레쉬는 라비 재커라이어스 국제사역센터에서 활동하며 유명한 연설가가 되어 전 세계의 청중에게 설교했어요. 쿠레쉬는 자신이 믿음을 갖게 된 이야기를 나누면서, 무슬림과 기독교인이 숭배하는 신은 다르다는 것을 설명했어요.

쿠레쉬는 사랑하는 아내와 어린 딸을 남긴 채 서른네 살에 위암으로 세상을 떠났어요. 하지만 그가 믿음으로 했던 일들은 지금도 커다란 영향을 끼치고 있답니다.

아이작 뉴턴
용감한 천재

| 1642-1727 |

누구든 어린 시절의 아이작 뉴턴을 보았다면, 역사상 가장 위대한 과학자는커녕 살아남기도 힘들겠다고 생각했을 거예요. 뉴턴은 작고 허약한 데다 미숙아로 태어났으니까요. 부모님은 영국의 소박한 농부였는데, 아버지는 그가 태어나기 전에 돌아가셨어요. 뉴턴은 열렬한 독서가였고 기계 장치에 관심이 많았어요. 연날리기를 좋아했고 비눗방울을 불어 햇빛에 비친 색을 관찰하는 것도 좋아했지요. 열아홉 살에 케임브리지 대학교에 입학했는데 교수들은 그의 천재성을 한눈에 알아보았어요. 뉴턴은 스물여섯 살에 수학과 학과장이 되었어요. 또 반사망원경과 계산기를 발명했고, 만유인력을 발견했으며, 행성과 달 그리고 조수의 움직임을 설명해 냈지요.

뉴턴은 과학적인 업적으로 유명하지만, 사실 성경 주제에 대해 130만 단어로 글을 쓸 정도로 과학보다 신학 공부에 훨씬 더 많은 시간을 들였어요. 뉴턴은 과학과 신앙이 서로 충돌한다고 생각하지 않았기에 "참 하나님은 살아 계시고, 지적이며, 강력한 존재다. 하나님은 모든 것을 다스리시며, 지금 일어나고 있거나 앞으로 일어날 모든 일을 알고 계신다"라고 선언했어요.[13] 뉴턴은 성공회 예배에 참석했고, 가난한 사람들에게 성경을 사 주는 일에 돈을 기부했으며, 런던에 생긴 새로운 교회를 지원하는 일을 도왔어요.

1703년에 뉴턴은 지금도 이어지고 있는 과학자들의 모임인 영국왕립학회의 회장이 되었어요. 앤 여왕은 1705년 뉴턴에게 기사 작위를 수여했지요. 뉴턴은 아주 유명해졌지만 항상 겸손했으며 결혼은 하지 않았어요. 뉴턴이 눈을 감자 온 국민이 그의 죽음을 안타깝게 여겼어요. 장례식에서는 백작 세 명과 공작 두 명, 그리고 영국의 대법관까지 참여하여 그의 관을 옮겼어요.

뉴턴이 정리한 물리학 덕분에 아폴로호 우주비행사들이 달에 갔듯이, 뉴턴이 발견한 원리는 지금도 매우 중요한 의미를 지닌답니다.

Sir Isaac Newton

짐 어윈

달 위를 걸은 사람

| 1930-1991 |

짐 어윈은 미국 피츠버그에서 배관공의 아들로 태어났어요. 어머니는 어윈이 침례교 목사가 되길 바랐지만, 그는 어렸을 때부터 모형 비행기에 푹 빠져 있었어요. 비행쇼에서 비행기를 한번 타 본 후로는 오로지 하늘을 나는 것만 생각했지요. 어윈은 해군사관학교에 입학해 1951년에 졸업한 뒤 공군에 들어가 P-51 전투기를 조종했어요. 그는 미사일 설계를 도왔고 비행 교관이 되기도 했지요. 결혼하고는 자녀를 다섯 명 두었어요.

어윈은 우주비행사에 지원했지만 두 번이나 떨어졌어요. 그 후 비행을 가르치다가 학생과 함께 타고 있던 비행기가 추락해 심각한 부상을 입기도 했지만, 비행도, 우주비행사도 포기하지 않았죠. 부상에서 회복되었을 때 마침내 그는 미국 국립항공우주국(NASA)의 우주비행사 프로그램에 선발되었어요. 1971년 7월 우주로 날아간 아폴로 15호는 사흘간의 임무를 순조롭게 진행했어요. 어윈은 달 위를 걸은 8인 중 한 사람이 되었죠. 어윈과 동료 데이비드 스콧은 달 표면을 관찰하기 위해 달 위를 달리는 월면차를 최초로 사용했어요.

우주를 다녀온 경험은 어윈의 신앙생활에 깊은 영향을 주었어요. 그 어느 때보다도 하나님의 존재를 생생하게 느꼈던 그는 이렇게 말했어요. "저를 달로 보내신 분도 하나님이고, 그의 아들 예수 그리스도를 전할 수 있도록 돌아오게 하신 분도 하나님입니다."[4]

어윈은 은퇴 후 '고공비행 재단'을 설립해 사람들이 자신의 인생에서 하나님의 계획을 발견하도록 도왔어요. 어윈은 살아 있는 동안 많은 상을 받았고, 심장마비로 세상을 떠난 후에는 알링턴 국립묘지에 묻혔답니다.

존 하퍼
타이타닉호의 영웅

| 1872-1912 |

존 하퍼는 스코틀랜드의 기독교인 부모님 밑에서 태어났으며, 열네 살에 그리스도께 삶을 드리겠다고 마음먹었어요. 열여덟 살 때는 공원과 길모퉁이에 서서 하나님의 말씀을 전했지요. 그의 설교는 열정적이고 강력했어요. 1895년 침례교 개척선교회는 하퍼를 전도자로 임명했어요. 글래스고에 있는 그의 교회는 성도가 900명이 되기까지 빠르게 성장했어요.

하퍼는 애니 벨과 결혼했는데, 애니는 딸을 낳은 지 얼마 안 되어 죽고 말았어요. 하퍼는 열정적인 설교가로 명성을 얻으며 스코틀랜드와 잉글랜드에서 설교를 계속했어요. 1910년에는 미국 시카고에 있는 무디 기념 교회에서 설교했어요. 그의 힘찬 설교에 청중들은 열광적인 반응을 보이며 하퍼에게 다시 한 번 방문해 달라고 요청했지요.

1912년 4월, 하퍼는 루시타니아호를 예약해 두었지만, 일정이 바뀌면서 타이타닉호를 탔어요. 여섯 살 난 딸과 조카도 함께였죠. 4월 15일 그 운명의 밤, 타이타닉호가 빙산에 부딪혔고 하퍼는 딸과 조카를 구명보트에 태웠어요. 그는 다른 사람들이 구명보트에 오르는 것을 도왔고, 두려워하는 사람들과 함께 기도하며 그리스도께서 구원해 주신다는 사실을 기억하라고 격려했지요. 한 남자가 무례하게 하퍼의 도움을 거절했을 때도 오히려 그에게 구명조끼를 벗어 주며 말했어요. "구명조끼는 저보다 당신에게 더 필요하겠군요."[15]

하퍼는 차가운 물속에서 허우적거리면서도 사람들에게 예수님을 구세주로 받아들이라고 전하며 격려했어요. 하지만 추위와 피로에 지쳐 결국 바다 밑으로 가라앉고 말았지요. 훗날 생존자들은 하퍼가 얼마나 용감하게 죽음을 맞이했는지를 기억했어요. 하퍼가 담당하던 교회의 교인들도 그의 죽음을 애도했지요.

John Harper

찰스 "척" 콜슨
죄수들에게 복음을 전한 전도자

| 1931-2012 |

척 콜슨은 미국 보스턴에서 유명한 변호사의 외동아들로 태어났어요. 영리하고 의욕이 넘치던 그는, 군 장학생으로 브라운 대학교에 입학해 우수한 성적으로 졸업했어요. 콜슨은 1953년부터 1955년까지 해병대 장교로 복무했으며, 결혼하여 자녀 셋을 두었죠. 1959년에는 조지 워싱턴 대학교 법학대학원을 졸업했어요.

1969년 리처드 닉슨 대통령 행정부에서 일하던 시절, 콜슨은 궂은일을 마다하지 않아서 '백악관의 해결사'라는 별명을 얻었어요. 1972년 대통령 선거가 다가오자, 콜슨은 상대편 후보의 정보를 알아내기 위해 정보원을 고용했어요. 이와 관련된 불법적인 계획을 '워터게이트 사건'이라고 하는데, 콜슨을 비롯해 몇 사람이 체포되었고 닉슨 대통령은 자리에서 물러났지요.

재판이 있기 전 콜슨은 C. S. 루이스의 책 《순전한 기독교》를 읽고 그리스도를 믿게 되었어요. 그는 기도 모임에 참석하여 "예수님이 누구신지, 제게 그분이 얼마나 필요한지 깨달았습니다"라고 고백했지요.[16] 콜슨은 재판에서 유죄를 인정한 후 7개월 동안 연방 교도소에 갇혔어요. 콜슨의 회심이 진실한지 의심하는 사람들이 많았지만 그는 조금도 흔들리지 않았어요. 그는 다른 수감자들에게 그리스도를 전하면서, 이런 목적을 위해 하나님께서 자신을 감옥에 두셨다고 믿었어요.

콜슨은 석방된 후 교도소 사역에 기독교인들을 불러모으려고 온 힘을 쏟아부었어요. 1976년에는 죄수들에게 복음을 전하기 위한 변호 단체인 교도소 선교회(Prison Fellowship Ministry)를 세웠어요. 그의 사서진 《백악관에서 감옥까지》는 베스트셀러가 되었지요.

콜슨이 남긴 유산은 교도소 사역 외에도 찰스 콜슨 기독교 세계관 센터를 통해 계속 이어지고 있어요. 이 센터는 신앙인들이 분명하고 용기 있게 자신의 믿음대로 실천하며 살아가도록 돕고 있지요.

✝ Chuck Colson ✝

짐 엘리엇
순교한 선교사
| 1927-1956 |

필립 제임스 엘리엇은 미국 오리건주 포틀랜드에서 목사의 아들로 태어났어요. 고등학생 때는 축구를 좋아했고, 학생 신문에 글을 쓰기도 했지요. 대학생 때는 늘 성경을 가지고 다녔고 열정적으로 예수님을 전했어요. 외국에서의 모험을 꿈꾸던 엘리엇은 휘튼 대학교에 입학했어요. 그는 해외 선교 준비를 위한 수업을 들으며 건강한 몸을 유지하기 위해 레슬링 팀에 들어갔지요. 엘리엇은 일기에 이렇게 썼어요. "나는 오래 살길 바라지 않는다. 주 예수님처럼 충만하게 살길 바란다."[17]

엘리엇은 1953년 에콰도르에서 선교사인 엘리자베스 하워드와 결혼했어요. 엘리엇은 에콰도르의 원주민인 와오라니 족 전사들에 관한 무시무시한 이야기를 많이 들었는데, 그들은 2미터가 넘는 긴 창으로 침입자들을 살해하는 잔인한 부족이었어요. 다른 부족들은 와오라니 족을 아우카(야만인)라고 불렀어요. 엘리엇과 네 명의 선교사는 와오라니 족에게 복음을 전하고 싶었어요.

엘리엇과 비행사 네이트 세인트는 와오라니 족 마을 상공을 여러 번 비행하면서 선물을 가득 채운 양동이를 아래로 떨어뜨렸어요. 엘리엇은 확성기를 이용해 와오라니 족 말로 친구가 되고 싶다고 외쳤어요. 와오라니 족이 양동이에 바나나와 앵무새 한 마리를 채워서 돌려주자, 엘리엇은 이제 그들을 직접 만나도 되겠다고 생각했지요. 선교사 다섯 명은 근처 강가에 캠프를 세웠어요. 첫 만남은 평화롭고 희망적이었어요. 그러나 선교사들은 죽임을 당했고, 짐 엘리엇은 그렇게 스물여덟 살에 죽었어요.

와오라니 족 선교사 다섯 명의 죽음은 온 세계를 충격에 빠뜨렸고, 또 기독교 선교의 부흥을 일으켰어요. 그가 죽은 지 2년도 채 되지 않아 짐 엘리엇의 아내 엘리자베스 엘리엇과 네이트 세인트의 누나 레이첼 세인트는 와오라니 족을 전도하는 데 성공했어요. 선교사들을 살해한 전사 다섯 명은 부족의 목사가 되었답니다.

마르틴 루터

종교개혁의 지도자

| 1483-1546 |

마르틴 루터처럼 가난한 소년에게는 법학을 공부하는 것이 편안한 지위를 얻을 수 있는 제일 좋은 길로 보였어요. 루터의 아버지는 아들을 학교에 보내고 구리 광산에서 열심히 일하여 교육비를 마련했어요. 학교의 규율은 매우 엄격했는데 루터는 벌을 받지 않으려고 열심히 공부했지요. 1505년 루터는 독일 에르푸르트 대학교에서 박사 학위를 받았어요. 하지만 그는 법관이 아니라 수도사가 되기로 결심했어요. 부모님은 실망했고 친구들은 깜짝 놀랐지요. 루터는 1507년에 로마 가톨릭 사제로 임명되었어요.

루터는 성경을 연구하면서 교회 개혁이 필요하다는 것을 깨달았어요. 그때 가톨릭에서는 죽은 후에 천국에 가게 해준다면서 면죄부를 팔았어요. 루터는 면죄부가 도덕에 어긋나고 성경 내용과도 다르다고 생각하면서, 면죄부 판매 같은 잘못된 관행에 반대했어요. 그러고는 1517년 비텐베르크 대성당 문에 〈95개조 반박문〉이라 불리는 항의서를 내걸었지요.

루터의 용감한 행동은 가톨릭 교회의 지도자들을 화나게 했어요. 루터는 이단 판정을 받았고 1520년 가톨릭 교회에서 파문당했어요. 일부 관리들은 루터를 골칫거리로 생각하고 살해하려고 했는데, 다행히 친구의 도움을 받아 외딴 성으로 피신할 수 있었죠. 루터는 라틴어나 그리스어를 모르는 일반 평민도 하나님의 말씀을 이해할 수 있도록 신약성경을 독일어로 번역했어요. 가톨릭 교회와 황제는 이 일로 크게 화를 냈지요.

루터는 1525년 수녀였던 카타리나 폰 보라와 결혼하여 자녀를 여섯 명 두었어요. 루터 부부는 비어 있던 수도원을 집으로 꾸며 살면서 그곳을 손님들과 무숙객들로 꽉 채웠어요. 루터는 루터 교회의 시초가 된 최초의 개신교 모임도 시작했어요. 열렬한 음악 애호가였던 루터는 찬송가 서른여섯 곡을 작곡했는데, 그중 〈내 주는 강한 성이요〉가 가장 유명하답니다.

앙드레 트로크메

두려움을 모르는 저항가

| 1901-1971 |

앙드레 트로크메는 프랑스 개신교도인 위그노의 후손으로, 생캉탱-앙-투르몽에서 태어났어요. 생캉탱 대학교에서 신학으로 학위를 받은 후, 프랑스 파리와 미국 뉴욕의 유니언 신학교에서 종교학을 공부했어요. 그리고 1926년에 마그다와 결혼하여 네 자녀를 두었지요.

1940년 트로크메는 르샹봉-쉬르-리뇽이라는 프랑스 마을에서 목사로 일하고 있었어요. 이 시기는 독일 나치가 프랑스 정부를 장악한 때였는데, 나치는 프랑스 정부에 모든 유대인을 체포하라는 명령을 내렸어요. 어느 날 저녁, 겁에 질린 유대인 여성이 트로크메의 집으로 피신해 왔어요. 이 일을 계기로 트로크메 부부는 유대인들을 돕기 위해 자원자들을 모아 비밀 조직을 만들었지요. 르샹봉 마을을 찾아오는 유대인이 더 많아졌는데, 그들 중 대부분은 어린이였어요. 마을 주민들은 피난민들을 상점과 농장에 숨겨주고 스위스로 탈출하도록 도왔어요.

1942년 경찰은 유대인을 도와주는 사람은 누구든 체포하겠다고 겁을 주었어요. 그러나 트로크메 목사는 두려움에 굴복해선 안 된다고 성도들을 설득했지요. "우리는 복음의 명령과 반대되는 일을 요구받을 때마다 저항해야 합니다."[18]

경찰은 트로크메 목사와 부목사를 체포했어요. 또 학교를 급습하여 교사 한 명도 체포했어요. 세 사람은 나치에 협조하는 정부에는 충성을 맹세할 수 없었지요. 그들은 감옥에 갇혀 있는 동안 다른 죄수들에게 성경을 가르쳤어요. 놀랍게도 그들은 4주 후 풀려났고, 굳건히 믿음을 지킨 트로크메는 유대인을 돕는 일을 계속했어요. 제2차 세계대전이 끝난 후 보고에 따르면, 르샹봉 마을은 5,000명의 난민을 도왔으며 그 중 절반 이상이 유대인이었어요. 그 마을에서는 아무도 유대인을 정부에 넘겨주지 않았지요.

André Trocmé

헨리 오부키아

선교에 영감을 준 섬사람

| 1792-1818 |

하와이 빅아일랜드에서 태어난 오부키아는 작은 마을에서 낚시와 수영을 배우며 자랐지요. 오부키아는 사이가 좋지 않았던 상대 부족의 전사에게 부모님을 잃고 노예로 잡혀갔다가 열여섯 살에 도망쳐 나왔어요. 그는 미국 무역선에서 선원으로 일하면서 영어를 배웠고, 1809년 미국 뉴잉글랜드에 도착해 헨리라는 이름을 지었어요.

학교에 다니고 싶었던 오부키아는 어느 날 예일 대학교 계단에 앉아 훌쩍이고 있었어요. 그 대학의 총장이었던 티모시 드와이트가 그 모습을 보고 십 대였던 그를 집에 데리고 가서 가정교사까지 붙여 주었지요.

오부키아는 이때 그리스도를 구원자로 받아들였어요. 뉴잉글랜드 사람 중에는 오부키아 같은 원주민은 성경을 이해할 만큼 영리하지 못하기 때문에 신앙을 가질 수 없을 것이라고 생각하는 사람도 있었어요. 그러나 오부키아는 매력적인 성격과 총명함, 정직하게 일하는 모습으로 그 사람들에게 인정받는 데 성공했답니다.

오부키아는 마침내 코네티컷주 콘월에 있는 외국인 선교학교의 교사가 되었어요. 이 학교는 기독교로 개종한 외국인들이 고국으로 돌아가 선교사로 활동하는 데 필요한 기술을 가르치기 위해 설립되었어요. 오부키아는 회고록을 썼고, 하와이어 사전도 만들었어요. 그는 학교에서 인기 있는 연설가이자 훌륭한 재정 모금가였지요.

오부키아는 머지않아 돌아가 기쁜 소식 복음을 전하고 싶었어요. 하지만 안타깝게도 꿈을 이루기 전 1818년에 장티푸스로 세상을 떠났어요. 오부키아가 죽은 후 그의 회고록이 베스트셀러가 되었지요. 그 책은 많은 기독교인이 하와이를 비롯해 해외에 있는 선교사들을 후원하도록 영감을 주었답니다.

HENRY OBOOKIAH

윌리엄 부스

구세군 설립자

| 1829-1912 |

윌리엄 부스는 가난이 무엇인지 잘 알고 있었어요. 영국 노팅힐에서 교육받지 못한 노동자의 아들로 태어난 데다 열네 살에 아버지까지 잃었거든요. 부스는 가족들을 위해 전당포에서 일했어요. 그는 열다섯 살에 죄를 깊이 뉘우치는 경험을 한 후, 일기에 "윌리엄 부스에게 있는 모든 것은 다 하나님의 것입니다"라고 적었어요.[19]

부스는 예수 그리스도의 복음을 전하려고 런던 골목으로 갔어요. 거기서 가난한 사람, 노숙자, 배고픈 사람들에게 설교했지요. 부스는 술을 끊도록 돕는 금주 모임에서 캐서린 멈포드를 만났고, 두 사람은 1855년에 결혼하여 여덟 명의 자녀를 두었어요. 부스 부부는 1878년에 구세군을 세웠어요. 구세군의 자원봉사자들은 그리스도의 군사가 되었지요. 군복 같은 유니폼을 입고 행진하며 연주하는 악단도 만들었어요. 그들은 길거리와 공원에서 복음을 전했지요. 도둑, 도박꾼, 술 취한 사람 등이 구세군의 첫 개종자이자 하나님의 능력을 생생하게 보여 주는 증거가 되었어요.

구세군은 빠르게 성장했어요. 부스 부부는 남녀 모두 똑같이 복음을 전하고 그리스도를 잘 섬길 수 있다고 생각했기 때문에 남녀 모두를 설교자로 모집했어요. 부스의 사역이 언제나 인기 있었던 것은 아니에요. 술집 주인들이 몽둥이를 들고 설교자들을 공격했고, 길거리 불량배들은 돌을 던지고 악기를 망가뜨렸어요. 부스의 독특한 사역 방식을 비난하는 목사도 있었지요.

하지만 런던의 가난한 사람들은 윌리엄 부스를 사랑했어요. 부스가 세상을 떠났을 때 15만 명이 그의 관이 옮겨지는 광경을 지켜봤고, 메리 여왕을 비롯해 수천 명이 장례식에 참석했어요. 빨간색 크리스마스 모금함과 자원봉사자의 종소리는 지금도 구세군이 행진하고 있다는 신호랍니다.

앨빈 요크
군인 영웅

| 1887-1964 |

앨빈 요크의 어린 시절은 매우 힘들었어요. 아버지는 미국 테네시에 작은 농장을 가지고 있었으나, 열한 명이나 되는 아이들을 먹여 살리느라 오랜 시간 대장장이로 일했어요. 식구에게 고기를 먹이기 위해 아버지는 요크에게 야생 칠면조 사냥법을 가르쳤어요. 아버지 덕분에 요크는 명사수로 이름을 날렸는데, 술주정뱅이로도 유명했지요.

어느 날 술집에서 일어난 싸움으로 요크의 가장 친한 친구가 죽었어요. 그 후로 요크는 완전히 달라졌어요. 그리스도께 자신의 삶을 헌신하고, 교회에서는 찬양 인도자가 되었어요. 요크는 폭력을 싫어했지요. 그런데 1차 세계대전 중에 군인으로 선발되자 입대를 주저했어요. 그러자 군 장교가 군인이 되는 일이 성경의 가르침을 어기는 것은 아니라며 그를 설득했어요.

요크 상병은 순찰대와 함께 독일군 전차 진지를 습격한 프랑스의 아르곤 숲 전투에서 공로를 세웠어요. 적군 20명을 사살했고 100명 이상을 포로로 사로잡았어요. 미국으로 돌아온 후 병장으로 진급한 요크는 의회로부터 명예 훈장을 받았어요. 의원들은 요크에게 기립 박수를 보냈지요. 요크는 테네시로 돌아가 결혼하여 여덟 명의 자녀를 두었어요.

요크는 전쟁 후 출간된 일기에 이렇게 썼어요. "주변에 있던 모든 덤불에 총알이 날아왔지만 나는 한 군데도 긁히지 않았으니, 그 어려운 전투에서 하나님이 구해 주셨다는 사실을 바로 내가 증명하는 셈이다."[20] 요크는 테네시 시골 마을에서 기독교 연구와 직업 교육을 도우며 남은 인생을 보냈어요. 그의 농장은 현재 앨빈 C. 요크 주립역사공원이 되었어요.

존 뉴턴
회심한 노예 상인

| 1725-1807 |

존 뉴턴의 인생에는 힘든 일도 많았고 갑작스러운 변화도 잦았어요. 영국에서 태어난 그는 어머니가 읽어 주시는 성경 구절을 들으며 자랐어요. 뉴턴의 어머니는 아들이 커서 목사가 되길 바랐어요. 하지만 어머니가 돌아가신 후로 뉴턴은 열한 살이 되기도 전에 두 번이나 퇴학을 당할 정도로 제멋대로 구는 아이가 되었지요. 걸핏하면 화를 내던 아버지는 무역선 선장이었는데, 뉴턴을 배에서 심부름꾼으로 일하게 했어요. 거칠고 교양 없는 뱃사람들이 아이에게 좋은 영향을 줄 리 없었죠.

어느 날 뉴턴은 강제 징병대에 끌려가 몇 년 동안 영국 군함에서 일하게 되었어요. 선장은 그를 채찍으로 때리기도 했지요. 그곳을 탈출하여 아프리카 시에라리온 해안에 도착한 뉴턴은 아모스 클로우라는 노예 상인의 하인이 되었어요. 클로우의 아프리카인 아내는 뉴턴에게 먹다 남은 음식을 주고 딱딱한 바닥에 자게 하면서 그를 잔인하게 괴롭혔어요. 다행히 아버지의 친구가 뉴턴을 구해 주었지요. 집으로 돌아오는 배 안에서 뉴턴은 성경을 읽었어요. 폭풍우로 배가 가라앉을 위기에 처하자 그는 하나님께 구해 달라고 기도했고, 그때 하나님은 뉴턴의 기도에 응답하셨어요.

영국으로 돌아온 뉴턴은 메리 캐틀릿과 결혼했고 노예선 선장이 되었어요. 이제 막 기독교인이 되었기 때문에 노예제가 잘못됐다는 걸 그때는 몰랐지요. 그 후 하나님은 다시 한 번 엄청난 폭풍우에서 그를 구해 주셨어요. 결국 뉴턴은 바다 위의 삶을 포기하고 영국에서 가장 유명한 설교사 중 한 명이 되었지요. 뉴턴은 노예 무역을 반대하는 윌리엄 윌버포스의 활동을 적극적으로 도왔어요. 또한 시대를 초월하여 가장 사랑받는 찬송가인 〈나 같은 죄인 살리신〉(Amazing Grace)을 비롯해 수백 곡의 찬송가를 작곡하기도 했지요.

그의 어머니의 기도는 마침내 이루어졌답니다.

후안 페르난도 오르테가

영혼을 울리는 싱어송라이터

| 1957-현재 |

후안 페르난도 오르테가는 미국 뉴멕시코주 앨버커키에서 태어나 치마요라는 마을에서 살았어요. 오르테가 가문은 팔 대에 걸쳐 솜씨 좋은 장인이자 직공으로 일해 온 것을 자랑스럽게 여겼어요. 오르테가도 어렸을 적 삼촌으로부터 베 짜는 법을 배웠지요. 여덟 살에는 피아노를 배웠고, 미국 국무부에서 일하던 아버지를 따라 여행도 자주 다녔어요.

오르테가는 고등학생 때 열심히 성경 말씀을 전해 준 친구 덕분에 예수님을 믿게 되었어요. 고등학교를 졸업한 후에는 뉴멕시코 대학교에서 클래식 피아노를 전공했고 교회 음악 사역에도 참여했어요. 오르테가와 그의 아내 마지는 1998년 캘리포니아로 가서 대학생선교회(CCC)와 함께 일했어요. 또 척 스윈돌 목사 밑에서 캘리포니아주 풀러턴에 있는 제일 복음주의 자유교회에서 음악 목사로 일하기도 했어요.

오르테가는 다양한 레코드사에서 앨범을 여러 장 발매하다가 1998년 대형 레코드사에서 녹음한 앨범 〈이 밝은 시간〉(This Bright Hour)으로 데뷔했고, 이어서 2000년에는 〈집〉(Home)으로 도브 어워드•에서 '영감을 주는 올해의 앨범상'을 받았어요. 라틴아메리카 전통이 깊이 스며 있는 오르테가의 음악은 전통 찬송가뿐 아니라 미국과 아일랜드 민요에서도 영향을 받았어요. 오르테가에게 작곡은 예배와 같았어요. "내 앨범은 항상 기쁨과 슬픔, 지루한 일 등 한 사람의 일상생활에 표현되는 복음서에 관한 것입니다."[21]

도브 어워드 가스펠 부문 3관왕에 오르고 빌보드 라틴 음악상까지 받으며 오르테가는 음악가로서 인정을 받았어요. 이제 베를 짤 시간은 없지만 단풍나무로 만든 커다란 2축 베틀은 아직도 가지고 있답니다.

• 도브 어워드는 미국 복음음악협회에서 기독 음악인에게 주는 상이에요.

윌리엄 윌버포스

담대한 노예제 폐지론자

| 1759-1833 |

윌리엄 윌버포스는 열네 살에 노예제에 반대하는 내용의 편지를 써서 지역 신문의 편집자에게 보냈어요. 그것이 윌버포스 평생의 사명이 되었지요.

영국의 부유한 가정에서 태어난 그는 아홉 살에 아버지를 여의었어요. 윌버포스는 삼촌과 함께 살면서 삼촌의 소개로 조지 휫필드 등 여러 유명한 설교자들을 알게 되었어요. 그는 1776년 케임브리지 대학교에 입학했는데, 수업보다는 의회 방청석에 앉아 정치인들이 사회 문제에 대해 논쟁하는 것을 지켜보는 일을 더 좋아했어요. 재치 있고 연설도 뛰어났던 윌버포스는 스무 살에 처음으로 의회 의원으로 당선되었지요.

윌버포스는 친구와 함께 성경을 공부하면서 예수님을 믿게 된 후, 목사가 되어야 할지 고민했어요. 그때 전 노예 상인이었던 존 뉴턴 목사가 의회에 남으라고 충고해 주었어요. "주님께서 교회의 유익과 국가의 유익을 위해 당신을 세우셨다고 생각합니다."[22]

윌버포스는 바버라 스푸너와 결혼하여 여섯 명의 자녀를 두었어요. 윌버포스 가족은 런던 근교 클래펌의 작은 마을에 살면서 부유한 복음주의자들과 친하게 지냈어요. 클래펌의 복음주의자들은 예수님을 위해 세상을 변화시키기로 맹세한 후, 노예제 폐지 법안을 지지하는 서명 100만 건을 받았어요. 1807년에 의회는 영국의 대서양을 건너며 거래하던 노예 무역을 금지했어요. 이제 더는 노예를 사고팔 수 없게 되었지만 영국의 노예가 완전히 해방된 것은 아니었지요.

윌버포스는 노예 해방을 위해 계속 싸웠어요. 1833년 7월 병상에 누워 있던 그는 의회가 영국 전역에서 노예를 해방하는 노예제 폐지 법안을 통과시켰다는 소식을 들었고, 사흘 후 세상을 떠났어요. 2006년에 나온 영화 〈어메이징 그레이스〉는 윌버포스가 46년간 투쟁한 일과 마지막 승리를 그리고 있지요.

WILLIAM WILBERFORCE

리처드 범브란트
순교자의 소리

| 1913-2001 |

리처드 범브란트는 신앙 때문에 감옥에 갇히고 고문당했지만 하나님의 도움으로 살아남았어요.

루마니아의 유대인 가정에서 네 아들 중 막내로 태어난 범브란트는, 유난히 총명해서 9개 국어를 할 줄 알았으며 하나님은 믿지 않았지요. 그는 주식 중개인으로 일했고 정치에도 참여했어요. 그러다 1936년 유대인인 사비나 오스터와 결혼했어요.

그의 삶은 1938년에 독일인 목수이자 기독교인인 뷜프케스의 전도로 아내와 함께 예수님을 믿게 되면서 완전히 바뀌었어요. 루터교 목사가 된 범브란트는 제2차 세계대전 동안 방공호에서 하나님 말씀을 전하고 유대인 어린이들을 구하는 일을 도왔어요. 그러나 그의 유대인 친척들은 나치의 강제수용소에서 죽었고 범브란트 부부는 결국 체포되었지요.

루마니아 공산당이 권력을 장악한 1945년, 러시아군 100만 명이 루마니아로 행군해 왔어요. 범브란트는 즉시 군대에 신약성경을 나누어 주기 시작했어요. 다시 감옥에 갇히고 잔인하게 고문을 당하면서 범브란트는 스스로 물었어요. "나는 하나님을 믿는가? 이제 시험이 다가왔다. 나는 혼자다. … 하나님은 내게 고통만 주시는데 그분을 계속 사랑할 수 있겠는가?"[23]

노르웨이의 기독교인들이 10만 달러를 내고 범브란트가 감옥에서 풀려나도록 도왔어요. 그가 감옥에서 보낸 경험을 담아 쓴 책은 베스트셀러가 되었지요. 미국으로 간 범브란트는 공산주의 정부가 수감자들을 비인간적으로 대했다는 사실을 상원의원들 앞에서 주업하면서 자기 몸의 상처를 보여 주었어요. 공산주의 진영이 몰락한 후 아내와 함께 루마니아를 방문했을 때, 범브란트는 자신이 고문당했던 감옥에 자기 책이 꽂혀 있는 것을 발견했어요.

범브란트 부부는 '순교자의 소리'라는 단체를 설립했는데, 이 단체는 전 세계 60개가 넘는 나라에서 핍박받는 기독교인들을 돕고 있지요.

· Richard Wurmbrand ·

조지 뮐러

고아들의 영웅

| 1805-1898 |

거짓말쟁이에 사기꾼이던 조지 뮐러는 열여섯 살에 사기죄로 감옥에 갔어요. 뮐러의 아버지는 벌금을 내고 아들을 데려온 후 성경 학교에 보냈어요. 아들이 변화되길 바랐거든요. 어느 날 저녁, 뮐러는 친구와 함께 가정 성경 공부에 참석했어요. 이 자리에서 그리스도께 헌신하기로 결단하면서 그의 삶은 완전히 달라졌어요.

뮐러는 고향인 독일 프로이센을 떠나 영국으로 가서 유대인들에게 복음을 전했지요. 그는 플리머스 형제단 운동•의 지도자가 되었어요. 결혼한 후에는 브리스톨로 갔는데, 거기서 집 없이 떠도는 아이들을 많이 만났어요. 그 아이들을 본 후 고아원을 세울 수 있게 해 달라고 기도했지요. 뮐러는 고아원을 세울 계획을 다른 기독교인들에게 말하면서도 절대로 후원을 요청하지는 않았어요. 대신 하나님께 필요한 것을 채워 달라고 기도했고, 그 기도대로 하나님께서 채워 주셨지요. 뮐러는 기도의 용사로 유명해졌어요.

몇 년 후 뮐러 가족은 고아원을 여러 개 세워 직원들과 함께 수천 명의 고아를 돌보았어요. 고아원 아이들을 학교에 다니게 하고 좋은 음식을 먹이고 제대로 된 옷을 입혔어요. 크리스마스가 되면 뮐러는 선물과 간식을 준비하고 크리스마스트리를 꾸몄어요. 《올리버 트위스트》의 작가 찰스 디킨스가 고아원을 방문하고 돌아가 뮐러를 칭찬하는 신문 기사를 쓰기도 했어요.

아내인 메리가 세상을 떠나자 뮐러는 딸 리디아와 사위 제임스 라이트에게 고아원 일을 맡겼어요. 뮐러는 재혼하여 아내 수산나와 함께 17년간이나 선교 여행을 다녔는데, 미국과 일본을 포함해 40개가 넘는 나라에서 하나님의 말씀을 전했지요. 뮐러가 90세에 눈을 감았을 때, 그의 장례 행렬을 보려고 거리로 나선 시민들 때문에 브리스톨 시 전체가 마비될 정도였답니다.

• 아일랜드 더블린에서 시작된 개신교 교파로, 기존의 교회 조직을 거부하고 성경을 강조한 복음주의 운동이에요.

George Müller

토니 던지

명예의 전당에 오른 미식축구 영웅

| 1955-현재 |

앤서니 던지는 미국 미시간주의 작은 마을 잭슨에서 태어났어요. 교육자였던 부모님은 던지가 열심히 공부하고 기독교인으로서 올바른 성품을 가진 아이로 자라길 바라셨죠. 던지는 열네 살에 학생회장으로 뽑혔고, 농구, 육상, 미식축구에서 아주 뛰어난 재능을 보였어요.

던지는 미네소타 대학교의 미식축구 장학생으로 선발되어 빅텐 최우수 선수상을 받았어요. 빅텐(Big Ten)은 미국 중서부의 우수한 대학 열 곳을 가리키는 말이에요. 던지는 대학을 졸업한 후 미국 프로미식축구협회(NFL) 피츠버그 스틸러스 팀에 자유계약 선수로 들어갔어요. 신인 선수 시절 팀 동료인 도니 쉘과 친하게 지냈는데, 그는 기독교 신앙을 지키면서도 좋은 성적을 낼 수 있다고 격려해 주어 던지에게 커다란 영향을 끼쳤지요. 두 번째 해에 던지가 가로채기(interception)로 맹활약을 펼치면서 스틸러스 팀은 그해 NFL 결승전인 제13회 슈퍼볼에서 우승을 차지했어요.

던지는 프로선수 생활을 마치고, 스물다섯 살에 NFL 역사상 최연소로 스틸러스의 보조 코치가 되었어요. 1982년에 로렌 해리스와 결혼하여 셋을 낳고 일곱을 입양하여, 자녀가 열 명이나 되는 가정을 꾸렸어요. 던지는 NFL에서 가장 빛나는 선수 중 한 명으로 꼽혔고, 1996년에는 성적이 부진하던 탬파베이 버커니어스 감독이 되어 팀에 새로운 승리와 자부심을 안겨 주었어요. 그 다음에는 인디애나폴리스 콜츠 감독이 되어 2007년 시카고 베어스를 누르고 아프리카계 미국인으로서는 최초로 슈퍼볼 우승을 이끈 감독이라는 명성을 얻었지요.

던지는 13년간 NFL 감독으로 일한 후 은퇴했고, 2016년에 미국 프로미식축구 명예의 전당에 올랐어요. 그는 자신의 장식장 제일 위 칸에 성경책을 자랑스럽게 펼쳐 놓았어요. 던지가 말했지요. "제가 감독으로 있는 동안 예수님이 하신 일을 빼면 이야기할 거리가 하나도 없습니다."[24]

G. K. 체스터턴
믿음의 수호자

| 1874-1936 |

길버트 키스 체스터턴은 영국 런던에서 나고 자랐어요. 아들이 배우는 속도가 남들보다 느린 것을 보고 걱정하던 부모님은 뇌 전문의를 찾아가 진찰을 받게 했지요. 체스터턴은 동화와 인형극을 좋아했어요. 그림 그리기도 좋아해서 일러스트레이터가 되려고 슬레이드 미술학교에 입학했어요.

체스터턴은 1900년에 미술 비평을 주제로 기사를 써 달라는 요청을 받았어요. 그 후 체스터턴은 《브라운 신부》를 비롯해 80권의 책과 에세이 4,000편, 시 수백 편과 단편 소설 200편을 써서 역사상 가장 많은 작품을 쓴 작가 중 한 명이 되었어요. 펄럭이는 망토를 입고 칼이 숨겨진 지팡이를 들고 다닌 체스터턴은, 키가 193센티미터에 몸무게는 135킬로그램이 넘었지요. 작은 차 뒷좌석에 몸이 끼어 꼼짝 못 하게 되었을 때는 그 난처한 상황을 농담으로 재치 있게 말해 당황한 운전기사를 오히려 안심시켰어요.

체스터턴은 1901년 프랜시스 블로그와 결혼했고, 아내의 전도로 1922년에 예수님을 믿게 되었지요. 체스터턴은 재치 있는 말로 사람들에게 그리스도를 따르라고 설득했어요. "기독교의 이상은 아무도 실현하려고 하지 않았기 때문에 어려운 것으로 여겨지며, 어렵다고 여기기 때문에 아무도 실현하려고 하지 않은 채 남아 있다."[25]

체스터턴은 논쟁을 좋아했어요. 그의 재치 있는 접근법은 청중과 상대편의 마음을 사로잡았어요. 체스터턴을 뚱뚱한 열등생이라고 생각했던 사람들은 자신들이 오해했다는 것을 금방 알게 되었죠. C. S. 루이스와 조지 오웰, T. S. 엘리엇을 비롯해 여러 유명한 작가가 체스터턴의 잘 다듬어진 보석 같은 언어에 많은 영향을 받았어요. 정치가 마하트마 간디와 마이클 콜린스는 체스터턴이 영국으로부터 인도와 아일랜드가 독립하는 것을 지지한다고 믿었지요.

G. K. Chesterton

토드 비머

9.11 테러 사건의 영웅

| 1968-2001 |

토드 모건 비머는 자신을 영웅이라고 생각한 적이 없었지요. 신실한 기독교 가정에서 자란 비머는 기독교 학교에 다녔고, 야구와 농구를 잘했어요. 그는 미국 휘튼 대학교에서 경영학을 전공했어요. 4학년 때는 농구팀 주장을 지냈고 1991년에 졸업했어요. 대학에서 리사 브로서스를 만나 결혼하여 세 자녀를 두었지요.

비머 부부는 교회에서 청소년부 사역을 도왔고, 비머는 교회학교 고등부에서 아이들을 가르쳤어요. 비머가 소프트웨어 회사의 회계 담당자로 일하게 되면서 비머 가족은 2000년에 뉴저지주로 이사했어요.

2001년 9월 11일, 비머는 출장을 가기 위해 유나이티드 항공 93편을 탔어요. 그런데 비행기가 이륙한 직후에 테러리스트들이 비행기를 장악했어요. 불안해진 승객들은 휴대전화로 가족들에게 연락하다가 뉴욕 세계무역센터와 워싱턴의 펜타곤(미국 국방부 건물)이 테러 공격을 받았단 소식을 들었지요. 미국 정부는 이 비행기의 납치범들이 백악관이나 국회의사당 건물에 비행기를 충돌시키려 한다고 생각했어요.

비머는 기내 승객용 전화로 교환원과 통화하면서, 승객들과 함께 빼앗긴 조종실을 되찾아 보겠다고 말했어요. 교환원과 함께 주기도문과 시편 23편을 외운 후, 비머는 가족들에게 사랑한다는 말을 전해 달라고 부탁했지요. 그가 마지막으로 남긴 말은 "다들 준비됐나요? 시작합시다"였어요.[26]

테러범들의 계획은 겨우 막았지만, 조종실을 되찾으려던 비머와 승객들의 용감한 시도는 안타깝게도 성공하지 못했어요. 비행기는 펜실베이니아 들판에 추락했고 탑승객은 모두 사망했어요. 이 일이 있은 후에 특별한 믿음과 용기를 가진 토드 비머를 기념하는 기념관과 학교 그리고 우체국이 생겼답니다.

제임스 A. 가필드
설교자 대통령

| 1831-1881 |

제임스 에이브램 가필드는 1881년 3월 4일에 제20대 미국 대통령이 되었어요. 미국 역대 대통령 중 통나무집에서 태어난 사람으로는 마지막이었죠.

가필드는 오하이오주의 농장에서 홀어머니 손에 자랐고 대통령이 되리라고는 꿈에도 생각지 못했어요. 선원이 되고 싶었거든요. 하지만 그의 바람과는 다르게 열여덟 살에 세례를 받고 평신도 사역자가 되었고, 스물두 살에 처음으로 설교를 했지요. 가필드는 드넓은 영토를 정복한 나폴레옹 황제와 진정한 정복자이신 예수님을 비교했어요. 가필드는 귀 기울여 설교를 듣는 성도들에게 "사랑과 긍휼이 가득하고, 살아서나 죽어서나 영원히 우리 곁을 지켜 주실 그리스도를 따르십시오"라고 외쳤어요.[27]

가필드는 1856년에 대학교를 졸업한 후 교사가 되었어요. 그는 두 손으로 각각 다른 글자(라틴어와 그리스어)를 동시에 써서 학생들을 놀라게 했어요. 1858년에 루크레티아 루돌프와 결혼하여 일곱 자녀를 둔 가필드는 스물여덟 살에 오하이오 주의회 의원으로 선출되었지요. 법학을 공부하여 1860년에 사법고시에 합격했고, 남북전쟁에 참전하여 북부군 소장으로 진급했어요. 그 후 연방 의회 의원으로 아홉 번의 임기를 보냈지요.

가필드는 1880년 공화당 전당대회에서 어렵게 대통령 후보로 선출되었고, 마침내 대통령에 당선되었어요. 대통령 취임식에서 이전에 노예였던 사람들의 인권 평등을 강력히 주장했으며, 자신의 말대로 실천하여 아프리카계 미국인 네 명을 행정부 관직에 임명했어요.

그러나 불만을 품은 당원이 쏜 총에 맞아, 대통령이 된 지 불과 6개월 15일 만에 대통령 임기를 끝마쳤지요. 그 후 가필드의 동상이 미국 국회의사당 안에 세워져, 대통령으로서 짧지만 빛나는 그의 업적을 기념하고 있답니다.

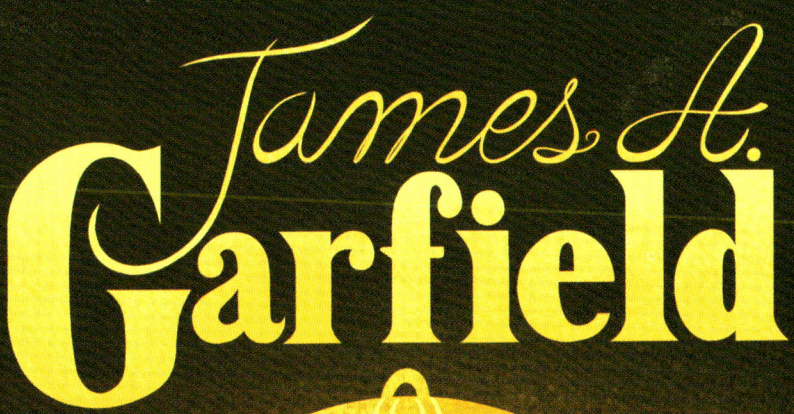

존 M. 퍼킨스

인권 운동가

| 1930-현재 |

존 퍼킨스는 미국 미시시피주에서 소작농의 아들로 태어나 몹시 가난한 어린 시절을 보냈어요. 그가 태어난 후 첫 번째 생일이 되기도 전에 어머니가 영양실조로 세상을 떠났어요. 퍼킨스는 심한 인종차별도 많이 겪었어요. 백인 소년들은 공기총을 쏘며 그를 괴롭혔지요. 결국 초등학교 3학년 때 학교를 그만두었어요. 퍼킨스가 열일곱 살이었을 때, 제2차 세계대전 참전용사였던 맏형이 경찰서장에게 살해당했어요. 퍼킨스는 캘리포니아로 도망쳤고 다시는 미시시피로 돌아오지 않겠다고 맹세했어요.

잡역부와 배관공으로 일하던 퍼킨스는 1951년에 베라 메이 버클리와 결혼하여 네 명의 자녀를 두었어요. 그는 아들 스펜서를 따라 성경학교에 갔다가 예수님을 만났어요. "그 교회학교에서 마침내 저는 예수님을 만났고 하나님이 즉시 제 마음 안에 놀라운 일을 시작하셨습니다. 다른 사람들을 증오하는 마음을 들추어내셨지요…. 예수님을 만나지 않았더라면 증오라는 무거운 짐을 무덤까지 지고 갔을 것입니다."[28]

1960년, 퍼킨스는 미시시피로 돌아가서 빈곤 완화와 인권 보호를 위해 일하는 단체인 '갈보리의 목소리'를 설립했어요. 그는 담대하게 인권 보호를 외치다가 억울하게 고문당하고 매맞고 감옥에 갇히기도 했죠. 1982년에는 캘리포니아로 가서 범죄율이 매우 높은 지역인 북부 패서디나에 '하람비 미니스트리*'를 설립하여 빈민가 아이들에게 휴식과 배움을 주었어요. 그리고 복음 성경클럽과 기술센터, 인턴십 프로그램을 시작했지요.

감동과 격려를 주는 책을 여러 권 쓴 작가이기도 한 퍼킨스는 미국의 여러 대학에서 명예 학위를 열네 개나 받았지요. '존과 베라 메이 퍼킨스 재단'은 예수 그리스도의 복음을 전하여 사람들의 삶이 변화되고 공동체가 화해하도록 돕고 있답니다.

• '하람비(Harambee)'는 '협력하여 변화를 이루자'라는 뜻의 아프리카 말이에요.

John M. Perkins

아시시의 성 프란체스코

이탈리아의 수호성인

| 1181-1266 |

지오반니 프란체스코 디 피에트로 디 베르나르도네는 부유한 집안에서 응석받이로 자랐어요. 활쏘기와 말타기 그리고 시끌벅적한 파티를 좋아했지요. 부유한 의류 상인인 아버지는 아들이 제멋대로 하게 내버려 두었어요. 프란체스코는 기사가 되고 싶었는데, 마침 아시시가 페루자 지역에 전쟁을 선포하자 민병대에 지원했어요. 그러나 전쟁터에서 포로가 되어 1년간 감옥에 있으면서 병에 걸렸고, 아버지가 보석금을 내준 덕분에 풀려날 수 있었지요.

프란체스코는 완전히 다른 사람이 되어 고향으로 돌아왔어요. 하나님이 가난한 사람을 돌보고 교회를 개혁하기 위해 자신을 부르셨다고 믿었지요. 그는 전 재산을 가난한 사람들에게 나누어 주었어요. 프란체스코가 가족의 재산까지 나눠 주려고 하자, 화가 난 아버지는 아들을 법정에 고소하기도 했어요.

프란체스코와 몇몇 친구는 집을 떠나 산속에 들어가 살았고 나환자와 노숙자를 돌보았어요. 한번은 강도들이 그들의 물건을 훔쳐 갔는데, 프란체스코는 오히려 그들의 은신처에 음식을 보냈지요. 그의 행동에 감동한 강도들은 잘못을 뉘우치고 프란체스코의 공동체에 들어가서 함께 가난한 사람들을 도왔어요. 그리고 이들이 모여 프란체스코회가 되었어요.

1219년 제5차 십자군 전쟁 중, 프란체스코는 기독교 군대와 함께 이집트로 갔어요. 그는 용감하게 적진을 넘어가 이집트 술탄 알-말리크 알-카밀에게 복음을 전했어요. 술탄은 개종하지는 않았지만 프란체스코의 용기에 감명을 받았지요.

동물을 좋아기로도 유명한 프란체스코는 죄와 회개에 대해 직설적으로 말하는 강력한 설교자였어요. 어떤 사람들은 그가 어리석고 허황된 생각에 빠져 있다고 비난했지만, 프란체스코야말로 일상에서 예수님의 모범을 따랐다고 생각하는 사람들도 많았지요. 프란체스코회는 오늘날 가톨릭교회에서 규모가 가장 큰 수도회가 되었답니다.

장 볼리
중국의 복음 전도자

| 1959-현재 |

장 볼리는 1989년 6월 4일을 절대 잊지 못합니다. 스물아홉 살이던 장은 바로 그날 도망자가 되었거든요.

중국 베이징 천안문 광장에서 일어난 2주간의 민주화 시위는, 중국 공산당 정부가 시위자들을 해산하려고 탱크와 군대를 투입하면서 처참하게 끝을 맺었어요. 시위 학생들이 군대의 진입을 막으려 하자 군인들이 그들을 공격했고, 수백 명이 죽고 천여 명이 다쳤어요.

단식 투쟁단을 주도한 장은 정부의 주요 지명 수배범 명단에 올랐어요. 장은 베이징을 떠나 2년간 도망 다녔죠. 그러다가 옛 소련 국경 근처, 중국 최북단에서 만난 한 나이 많은 기독교인 여성의 도움으로 숨어 지냈어요. 그녀는 예수 그리스도 안에 구원이 있다는 것을 담대하게 전했고 장에게 요한복음서를 주며 읽어 보라고 했지요.

요한복음을 읽기 시작한 장은 멈출 수 없었어요. 예수님의 십자가에 깊이 감동하여 눈물을 흘렸지요. 눈이 내리는 어느 캄캄한 밤, 장은 국경을 넘어 탈출했어요. 그러면서 눈밭에 무릎을 꿇고 "주님, 제가 오늘 살아남는다면 평생 주님을 섬기겠습니다"라고 기도했어요.[29]

마침내 장은 미국으로 건너갔어요. 신장암으로 죽음의 고비를 넘긴 후 신학을 공부해 워싱턴 근교 교회의 목사가 되었고, 결혼하여 두 자녀를 두었어요. 지금은 캘리포니아에 살면서 세계적인 네트워크를 가진 교회의 목사가 되어, 중국어를 사용하는 수천만 명의 사람들에게 온라인으로 예수 그리스도의 복음을 전하고 있지요.

조지 워싱턴
미국 건국의 아버지

| 1732-1799 |

스무 살의 측량 기술자 조지 워싱턴은 영국과 프랑스·인디언 동맹군 사이에 일어난 프렌치-인디언 전쟁에 참전하려고 버지니아 민병대에 지원했어요. 민병대 안에는 예배를 인도할 목사가 없어서 때로는 그가 예배를 인도했지요. 그는 하나님의 이름을 가볍게 여기는 병사들을 꾸짖기도 했어요. 워싱턴이 전쟁터에 있는 동안 그가 탄 말이 총에 맞기도 하고, 치명적인 폭발을 아슬아슬하게 피하기도 했어요. 그는 하나님께서 자신의 삶에 특별한 목적을 가지고 계시다는 사실을 깨달았어요.

워싱턴은 1759년 아이가 둘 있는 과부 마사 커스티스와 결혼했어요. 영국 성공회 교인인 그는 20년 동안 교회 교구위원으로 섬겼어요. 친절하고 너그러운 워싱턴은 자신의 부동산 관리인에게 고향인 버논 산으로 오는 거지들에게 먹을 것을 나눠 주라고 말했지요.

미국 독립전쟁 동안 워싱턴은 식민지군 총사령관으로 복무했는데, 훈련을 전혀 받지 않은 자원자들을 유능한 군인으로 바꿔 놓았어요. 로버트 포터필드 장군이 워싱턴에게 긴급한 메시지를 전한 적이 있는데, 그때 워싱턴은 무릎을 꿇고 기도하고 있었어요. 워싱턴의 조카 조지 루이스도 성경을 펼쳐 놓고 무릎을 꿇은 채 기도하는 삼촌의 모습을 자주 보았지요.

독립전쟁은 8년간 계속되었는데, 영국이 항복한 후 워싱턴은 사임했어요. 그는 사임 연설에서 의회 의원들에게 감정에 북받친 목소리로 말했어요. "하늘의 도움으로 그 지옥 같은 전쟁에서 우리 군대가 살아남았습니다. '소중한 이 나라를 전능하신 하나님의 보호'에 맡깁니다."[30]

그는 미국의 국왕이 되는 것을 거절했지만, 결국 1789년 미국의 초대 대통령이 되어 두 번의 임기 동안 대통령 직을 수행했어요. 워싱턴은 유언장을 통해 소유하고 있던 노예들을 해방하겠다고 약속했고, 노예 중 늙고 병든 사람들은 계속 돌봐 주라는 유언을 남겼지요.

주

1. Glenn Sunshine, "Christians Who Changed Their World: Chiune Sugihara (1900-1986)," BreakPoint, http://www.breakpoint.org/2013/03/chiune-sugihara-1900-1986.

2. William J. Federer, *George Washington Carver: His Life and Faith in His Own Words* (St. Louis, MO: Amerisearch, 2002), 23.

3. Ruth Tucker, *From Jerusalem to Irian Jaya: A Biographical History of Christian Missions* (Grand Rapids, MI: Zondervan, 1983), 150. 《선교사 열전》, 복있는 사람.

4. Tony Lane, "A Man for All People: Introducing William Tyndale," *Christian History*, vol. 6, no. 4(1987): 8, https://christianhistoryinstitute.org/store/magazine/4883/christian-history-magazine-16-william-tyndale.

5. "Father Damien," Encyclopedia.com, 2019년 10월 11일, https://www.encyclopedia.com/people/philosophy-and-religion/roman-catholic-and-orthodox-churches-general-biographies/father.

6. Micky Goodman, "The Long View," *Atlanta Journal-Constitution*, 2017년 6월 25일.

7. Dan Graves, *Doctors Who Followed Christ* (Grand Rapids, MI: Kregel, 1999), 214.

8. "Francis Schaeffer Quotes," AZ Quotes, https://www.azquotes.com/author/13063-Francis_Schaeffer.

9. Billy Graham, *Just As I Am: The Autobiography of Billy Graham* (Grand Rapids, MI: HarperOne, 1997), 28. 《빌리 그레이엄 자서전》, 두란노서원.

10. Alex Murashko, "Interview: Jeremy Lin on Embracing 'Linsanity' Spotlight, Where God Wants Him to Be," *Christian Post*, 2013년 10월 2일, https://www.christianpost.com/news/interview-jeremy-lin-on-embracing-linsanity-spotlight-where-god-wants-him-to-be.html.

11. John G. Stackhouse Jr., "Following Jesus in the Dark," Christian History Institute, 2007, https://christianhistoryinstitute.org/magazine/article/following-jesus-in-the-dark.

12. "Former Slave Frederick Douglass," Christianity.com, https://www.christianity.com/church/church-history/timeline/1801-1900/former-slave-frederick-douglass-11630645.html.

13. Charles Hummel, "The Faith Behind the Famous: Isaac Newton," *Christian History*, issue 30 (1991): 38-41.

14. Jerry Bergman, "Colonel James Irwin: Creationist Astronaut," Institute for Creation Research, 2013년 10월 31일, https://www.icr.org/article/7724/.

15. Douglas W. Mize, "As Titanic Sank, He Pleaded, 'Believe in the Lord Jesus!'" Baptist Press, 2012년 4월 13일, http://www.bpnews.net/37601/as-titanic-sank-he-pleaded-believe-in-the-lord-jesus.

16. Chuck Colson, *Born Again* (Grand Rapids, MI: Baker Books, 1977), 150. 《백악관에서 감옥까지》, 홍성사.

17. "20 Powerful Jim Elliot Quotes," Leadership Resources, 2013년 10월 29일, https://www.leadershipresources.org/blog/christian-missionary-jim-elliot-quotes/.

18. Leslie Hammond, "Heroes of the Faith: André Trocmé" Evangelicals for Social Action, 2015년 5월 19일, https://www.evangelicalsforsocialaction.org/heroes-of-the-faith/heroes-of-the-faith-andre-trocme/.

19. "William Booth," *Christianity Today*, https://www.christianitytoday.com/history/people/activists/william-booth.html.

20. E. Michael Rusten and Sharon Rusten, *The One Year Book of Christian History* (Carol Stream, IL: Tyndale, 2003), 540-541.

21. Kim Jones, "Biography of Fernando Ortega, Christian Singer," Learn Religions, 2019년 4월 26일, https://www.learnreligions.com/fernando-ortega-biography-708459.

22. Christopher Hancock, "The 'Shrimp' Who Stopped Slavery" The Christian History Institute, 1997, https://christianhistoryinstitute.org/magazine/article/shrimp-who-stopped-slavery.

23. Richard Wurmbrand, *In God's Underground* (Bartlesville, OK: Living Sacrifice, 2004), 52. 《하나님의 지하운동》, 한걸음.

24. Cody Benjamin, "Tony Dungy says Bible is necessary part of his Hall of Fame locker," Sports Spectrum, 2018년 8월 6일, https://sportsspectrum.com/sport/football/2018/08/06/tony-dungy-says-the-bible-is-a-necessary-part-of-his-hall-of-fame-locker.

25. G. K. Chesterton, *What's Wrong with the World*, chapter 5, "The Unfinished Temple," 1900. 《왜 세상이 잘

못 돌아가나〉, 연암서가. https://www.gutenberg.org/files/1717/1717-h/1717-h.htm.

26 Jim McKinnon, "The phone line from Flight 93 was still open," *Post-Gazette* (Pittsburgh), 2001년 9월 16일, http://old.post-gazette.com/headlines/20010916phonecallnat3p3.asp.

27 F. M. Green, *Churches of Christ* (Louisville, KY: John P. Morton, 1904), 414. http://www.therestorationmovement.com/_states/ohio/garfield.htm. 참조.

28 Sarah Eekhoff Zylstra, "The Final Call of John Perkins," The Gospel Coalition, 2018년 4월 2일, https://www.thegospelcoalition.org/article/final-charge-john-m-perkins.

29 Zhang Boli, *Escape from China: The Long Journey from Tiananmen to Freedom* (New York, NY: Simon & Schuster, 2002), 129.

30 Justin Taylor, "The Faith of George Washington," The Gospel Coalition, 2017년 2월 20일, https://www.thegospelcoalition.org/blogs/evangelical-history/the-faith-of-george-washington.

글쓴이

글을 쓴 **셜리 래이 레드먼드**(Shirley Raye Redmond)는 수상 경력을 지닌 작가이자 신문 칼럼니스트로, 《세상을 바꾼 믿음의 여성들》을 써서 널리 알려졌어요. 셜리가 쓴 《패티코트를 입은 애국자: 미국 혁명의 영웅》은 뉴욕 뱅크스트리트 사범 대학에서 2004년 최고의 아동 도서로 선정되었지요. 또한 셜리는 아동문학 연구소의 강사이자 인기 있는 워크숍 강연자, 아동 도서 작가 및 일러스트레이터 협회의 회원이기도 합니다.

그린이

그림을 그린 **카티아 롱기**(Katya Longhi)는 이탈리아 남부의 작은 마을에서 태어나 플로렌스에 있는 아트 아카데미와 니모 NT 디지털 아트 아카데미(Nemo NT Academy of Digital Arts)에서 공부했어요. 《세상을 바꾼 믿음의 여성들》에 그림을 그렸고, 여가 시간에는 동화책을 읽거나 스노우볼 수집하길 좋아해요. 현재 베르첼리에서 프리랜서 일러스트레이터로 활동하고 있고 이탈리아 전역에서 수많은 전시회를 통해 작품을 선보이고 있어요.

옮긴이

이 책을 번역한 **박지연**은 대학에서 영문학을 공부한 뒤 한국기독학생회(IVF) 중앙사무국에서 일했어요. 평소 책읽기를 즐겨서 교회 자매들과 책모임을 여러 해 동안 해오면서 '성경 속 여성'을 주제로 성경공부도 함께 하고 있어요. 남편과 함께 두 딸과 그림책 읽기를 즐기며 번역 일을 하는데, 생태와 환경, 여성과 어린이, 일상과 기독교 영성에도 관심이 많지요. 옮긴 책으로는 《세상을 바꾼 믿음의 여성들》(몽당연필) 《세상과 나를 위한 하나님의 디자인》(IVP)이 있습니다.

세상을 바꾼 신앙의 남성들

초판 1쇄 펴낸날 2024년 1월 31일

지은이 셜리 래이 레드먼드
그린이 카티아 롱기
옮긴이 박지연
펴낸이 박종태

편집 옥명호
교열 이화정
디자인 조현자
제작처 예림인쇄

펴낸곳 몽당연필 | **등록** 2004년 4월 29일 (제 2022-000001호)
주소 경기도 파주시 월롱산로 64, 1층 (야동동)
전화 031-907-3927 **팩스** 031-905-3927
이메일 visionbooks@hanmail.net
페이스북 @visionbooks | **인스타그램** vision_books_

마케팅 강한덕 박상진 박다혜 전윤경
관리 정문구 정광석 박현석 김신근 정영도 조용희
경영지원 김태영 최영주

공급처 ㈜비전북
　　　　T.031-907-3927 F.031-905-3927

ISBN 979-11-91710-06-9 77230

• 몽당연필은 바이블하우스, 비전북, 비전CNF와 함께합니다.
• 잘못된 책은 구입하신 서점에서 바꾸어드립니다.